インド論理学へのいざない

新訳註『タルカサングラハ』『タルカバーシャー』

宮元啓一
miyamoto keiichi

花伝社

インド論理学へのいざない——新訳註『タルカサングラハ』『タルカバーシャー』◆目次

アンナンバッタ『タルカサングラハ』（論理学綱要）

［1］世界を主宰する神を心の中に安置し、尊師に頂礼した上で、
若い初心者たちの容易な理解に資するため、この『タルカサングラハ』を私は著した。

［2］実体、性質、運動、普遍、特殊、内属、無、以上が七カテゴリーである。

実体 dravya ↑「動かせるもの」↑動詞語根 dru-「動かす」
性質 guṇa ↑「付属物、従属要素、構成要素、二次的なもの、二倍したもの」
運動 karman ↑動詞語根 kṛ-「為す、造る」↓インド一般には「業《ごう》」なので要注意。
普遍 sāmānya ↑「共通性」↑形容詞 samāna「共通の、同じの」
特殊 viśeṣa ↑「特殊性、特異点、違い」↑動詞語根 vi-śiṣ-「区別する」
内属 samavāya ↑「密着していること、不可分離の関係」↑動詞語根 sam-ava-「密着する、内在する」
無 abhāva ↑「有 bhāva で無い a- もの」
カテゴリー padārtha ↑「語 pada が指し示すもの artha が属するジャンル」

ヴァイシェーシカ学派では、カテゴリーを幾つ立てるかについて、時代による変遷がある。
まず、根本テクストであるカナーダ編『ヴァイシェーシカ・スートラ』（西暦紀元前二世紀半ばに原型が造られた）は、実体、性質、運動、普遍、特殊、普遍かつ特殊、内属、無の八つのカテゴリー

を立て、慧月造『勝宗十句義論』（西暦紀元後五世紀前半）は、実体、性質、運動、普遍、特殊、内属、力能《りきのう》、無力能、普遍かつ特殊、無の十のカテゴリーを立て、プラシャスタパーダ著『パダールタダルマ・サングラ（カテゴリーと功徳についての綱要）』（六世紀初め）は、実体、性質、運動、普遍、特殊、内属の六つのカテゴリーを立て、ウダヤナ著『キラナーヴァリー（『パダールタダルマ・サングラハ』への注釈）』は、実体、性質、運動、普遍、特殊、内属、無の七つのカテゴリーを立てる。

*

ヴァイシェーシカ学派が、文法学派の品詞分類法にヒントを得た「白い牛が歩く」による説明法によれば、次のようになる。

まず、「牛」は名詞であり、これが属するものが実体のカテゴリーである。「白い」は形容詞であり、これが属するものが性質のカテゴリーである。「歩く」は動詞で、これが属するものが運動のカテゴリーである。

「牛」は、「白い」や「歩く」を別にしても「牛」であることに何ら問題もないが、「白い」も「歩く」も、「牛」を別にしては存立出来ない。「牛」から「白い」を引き剥がして「これが『白い』なるものなのだ」とも、「牛」から「歩行」を抜き取って「これが『歩く』なるものなのだ」とも示すことは出来ない。「白い」も「歩く」も、牛の属性であり、牛と不可分離の関係にある。この関係が内属というカテゴリーに他ならない。

「牛」という名称は、「喉に垂肉があること」、「角があること」、「細い尻尾があること」、「モーと啼くこと」という共通の特性（共通性、普遍）のあるものにのみ適用される。その数ある特性をひっくるめれば、「牛性《うしせい》」（牛であること）と言える。つまり、牛性という普遍が、それを有する個物に「牛」という名称を適用する根拠（śabdānāṃ pravṛttinimitta）なのであり、独立したカテゴリーとして認定される。この普遍には階梯があり、牛性、地性、実体性と上昇するが、「有性」（有るものであること）で上の窮みに至る。有性は、それよりも上の普遍が無いので最高の普遍である。

また、「牛」という名称は、顔が長くてたてがみも尻尾もふさふさしていてヒヒーンと啼く個物などには適用されない。つまり、「牛性」は、そうした個物である馬などを適用範囲から排除する機能を持つ。この機能が特殊（違い）という独立のカテゴリーとして認定される。

つまり、「牛性」は、普遍でもあり、かつ特殊でもあることになる。

『ヴァイシェーシカ・スートラ』と『勝宗十句義論』では、普遍は最高の普遍、つまり有性だけであり、「牛性」などは、「普遍かつ特殊」のカテゴリーとして認定される。ところが、『パダールタダルマ・サングラハ』以降、普遍には上位の普遍と下位の普遍があり、上位の普遍が有性であり、下位の普遍が牛性などであるとまとめられる。

「力能」と「無力能」は、『勝宗十句義論』だけが立てるカテゴリーであるが、結果は原因の中に予め含まれているとする、当時勢いを増しつつあった流出論を採るサーンキヤ学派の「因中有果論」に引き摺られる可能性があり、後には無視された。

「無」は、「〜で無い」や「〜が無い」という言語表現と観念の実在の対象があることによって立てられたカテゴリーである。『パダールタダルマ・サングラハ』はこれに全く言及しないが、おそらく、強力な論敵であるディグナーガ（陳那）を筆頭とする仏教の新論理学派に足を掬われることを回避しようとの極めて消極的な姿勢によるものだと思われる。後には、無はインド論理学派の重要な論点として盛んに議論されることとなる。

［3］そのうち、実体には、地、水、火、風、虚空、時間、空間、自己、意の九種がある。

地 pṛthivī ←「大地」←形容詞 pṛthu「広大な」
水 ap ←「水、川」
火 tejas ←「威厳、威力」←動詞語根 tij-「鋭くする、尖らせる」
風 vāyu ←「吹くこと、吹くもの」←動詞語根 vā-「（風が）吹く」
虚空 ākāśa「隙間」←動詞語根 ā-kāś-「こちら側を照らす」
時間 kāla
空間 diś ←「方角」←動詞語根 diś-「指し示す」
自己 ātman ←「生命力としての気息、再帰代名詞 self」（自我 ego ではない。）
意 manas ←「思考する man- 力を有するもの -as」

＊

地、水、火、風、意は中身が詰まったもの（mūrta、漢訳で「有質礙《うぜつげ》」）で、互いに同じ場所を占めることが出来ない。虚空、時間、空間、自己は中身が詰まっていないもの（amūrta、漢訳で「無質礙」であり、皆、無限大の広がりを持つが、互いに妨げることはないとされる。

＊

地、水、火、風は、原子の形態を持つ。原子は、それ以上分割することの出来ない最小の単位である。もしも無限に分割出来るとすると、芥子粒も大きな山も、どちらも無限個の部分より成ることになり、大小の根拠が無くなってしまうからであるとされる。

原子が二つ結合したものが二原子体（dvyaṇuka）、二原子体が三つ結合したものが三原子体（tryaṇuka）であり、三原子体が四つ結合したものが四原子体（caturaṇuka）であり、かくしてどんどん大きなものになる。肉眼で見ることが出来る最小のものが三原子体であり、暗い部屋に格子の隙間から射した光の中に漂って見える細かな埃がその大きさであるとされる。

［4］色、味、香、触《そく》、数、度量、別異性、結合、分離、かなた性、こなた性、重さ、流動性、粘着性、音声、知識、楽、苦、欲求、嫌悪、努力、功徳、罪障、潜在的形成力、以上が二十四種の性質である。

色 rūpa ←「色かたち、形態」

味 rasa ←「風味、エッセンス、精髄」

香 gandha

触 sparśa ←動詞語源 spṛś-「触れる」

数 saṃkhyā ←動詞語源 saṃ-khyā-「数える、考え合わせる」

度量 parimāṇa

別異性 pṛthaktva

結合 saṃyoga ←動詞語根 saṃ-yuj-「結びつく」

分離 vibhāga ←動詞語根 vi-bhaj-「分離する」

かなた性 paratva ←「かなたである para こと -tva」

こなた性 aparatva ←「こなたである apara こと -tva」

重さ gurutva ←「重い guru こと -tva」

流動性 dravatva ←「流動的なもの drava であること -tva」

粘着性 sneha ←「愛着、煩悩」←動詞語根 snih-「くっつく、粘りつく」

音声 śabda

知識 buddhi ←「覚醒、覚知」←動詞語根 budh-「目覚める」

楽 sukha

苦 duḥkha
欲求 icchā ←動詞語根 iṣ-「欲する」
嫌悪 dveṣa ←動詞語根 dviṣ-「嫌悪する、憎む」
内的努力 prayatna ←動詞語根 pra-yat-「〜しようと務める」
功徳 dharma ←「秩序、善、正義、法」←動詞語根 dhṛ-「維持する」
罪障 adharma ←「功徳では無い a- もの」
潜在的形成力 saṃskāra ←動詞語根 saṃs-kṛ-「形成する」

[5] 上昇、下降、収縮、伸長、移動、以上が五種の運動である。

[6] 普遍は、高位のものと低位のものとの二種に分かれる。

[7] 特殊は、常住の実体に存し、果てしない広がりを持つ。

[8] 内属はただ一つあるのみである。

[9] 無には四種ある。先行無、破壊無、絶対無、相互無、以上である。

『ヴァイシェーシカ・スートラ』と『勝宗十句義論』では、無は、先行無（結果は生ずるまでは無い）、破壊無（水がめは破壊されればそれ以降は無い）、絶対無（兎に角があると思うのは錯覚で、そのようなものは絶対に無い）、相互無（犬は猫では無い）、関係無（この部屋には水がめが無い、という無常の無、および、風（空気）には色が無い、という常住の無）の五種とされる。後のインド論理学派は、ミーマーンサー学派のクマーリラの説を無批判に取り入れたため、関係無であった「この部屋の水がめの無」も絶対無とされ、「この部屋には水がめは絶対に無いのであるが、そこに水がめが持ち込まれたという時間条件に影響されて、無いはずの水がめがあたかも有るかのように認識されるのだ」という、奇怪窮まる屁理屈を展開するようになる。『パダールタダルマ・サングラハ』が無を全く論じなかったことが、このような無用な混乱を後世にもたらしたのである。

［10］実体のうち、地は香を有するものであり、常住のものと無常のものとの二種ある。常住の地は原子の形態を取るものであり、無常の地は結果の形態を取るものである。その無常の地は、身体・感官・対象の別により三種に分かれる。身体としての地とは、われわれなどの身体がそれに当たる。感官としての地とは、香を捉える鼻のことで、鼻腔の先端に存する。対象としての地とは、土や石などのことである。

〔11〕水は冷たい触を有し、常住のものと無常のものとの二種ある。常住の水は原子の形態を取るものであり、無常の水は結果の形態を取るものである。それはさらに、身体・感官・対象の別により三種に分かれる。身体としての水とは、ヴァルナ（水天）界の身体がそれに当たる。感官としての水とは、味を捉える舌のことで、舌先に存する。対象としての水とは、川や海などのことである。

〔12〕火は熱い触を有し、常住のものと無常のものとの二種ある。常住の火は原子の形態を取るものであり、無常の火は結果の形態を取るものである。それはさらに、身体・感官・対象の別により三種に分かれる。身体としての火とは、アーディッティヤ（太陽神）界であまねく見られる身体がそれに当たる。感官としての火とは、色を捉える眼のことであり、黒い瞳の先端に存する。対象としての火は、大地の火・天空の火・腹中の火・鉱山の中の火の別により四種である。大地の火とは、炎などのことであり、天空の火とは、稲妻などのことであり、腹中の火とは、摂取した食べ物の消化の原因のことであり、鉱山の中の火とは金などのことである。

〔13〕風は無色で触を有し、常住のものと無常のものとの二種ある。常住の風は原子の形態を取るものであり、無常の風は結果の形態を取るものである。それはさらに、身体・感官・対象の別により三種に分かれる。身体としての風とは、ヴァーユ（風天）界の身体がそれに当たる。

感官としての風とは、触を捉える皮膚のことであり、全身に存する。対象としての風とは、樹木などが揺れる原因のことである。

気息とは身体の内部を循環する風のことであり、ただ一つあるのみであるが、状況の別により呼気・吸気などと呼ばれる。

［14］音声をその性質とするものが虚空である。それはただ一つであり、常住のものであり、遍在するものである。

音声が波の性質を持って伝播することは、昔からインドでは知られていた。私たちは、波である音声の媒体は空気であると学び、実験によりそうだと知っているが、太古のインドでは、例えば太鼓の音が、サイクロンのような強い向かい風に逆らって伝播するとは信じられなかった。しかし、波であるからには媒体があるはずで、そのあるはずの音声の媒体として特定されたのが虚空である。

［15］時間は、「それは過去のものである」などの言語表現の原因である。それは一つであり、遍在するものであり、常住のものである。

［16］空間は、「それは東にある」などという言語表現の原因であり、ただ一つあるのみであり、

常住のものであり、遍在するものである。

［17］自己は知識の拠り所である。それは、個別の自己（個我）と最高の自己（最高我）との二種ある。そのうち、最高の自己とは、全智の主宰神のことであり、ただ一つあるのみであり、楽・苦などの無いものである。個別の自己とは、身体ごとに異なっていて、遍在するものであり、常住のものである。

『ヴァイシェーシカ・スートラ』には、主宰神への言及は無い。『勝宗十句義論』と『パダールタダルマ・サングラハ』では、「世界の主」（bhuvanapati）として論ぜられる。世界の主は、長い破壊の後に世界が創造し直されるとき、破壊前の全ての生類の因果応報を実現するため、生類の身体を構成する原子に最初の運動を与える働きをするが、それ以外、全智の神らしい華々しい活動をするとは説かれていない。

［18］意は楽・苦などを知覚する器官である。それは一つの自己に一つと定められているので、数え切れないほどあり、原子の形態を取るものであり、常住のものである。

［19］色は眼によってのみ捉えられる性質である。それは、白色（多くの場合、透明であるこ

とを指す）・青色・黄色・赤色・緑色・橙色・斑色の別により七種あり、地・水・火に存する。そのうち、地の色は七種あり、水の色は輝かない白色であり、火の色は輝く白色である。

［20］味は舌によって捉えられる性質である。それは、甘味・酸味・塩味・苦味・渋味・辛味の別により六種あり、地と水に存する。地の味は六種であり、水の味は甘味のみである。

［21］香は鼻によって捉えられる性質である。それは、芳香・悪臭の二種あり、地にのみ存する。

［22］触は皮膚によってのみ捉えられる性質である。それは、冷・熱・非冷非熱の別により三種あり、地・水・火・風に存する。そのうち、水の触は冷であり、火の触は熱であり、地と風の触は非冷非熱である。

［23］色などの四つの性質は、地の場合、熱より生ずるものと無常のものとがある。熱より生ずるのではない色などの四つの性質には、常住のものと無常のものとがある。常住の地に存するものは常住であり、無常の地に存するものは無常である。

水がめの形をした黒い粘土の塊をかまどで焼くと、赤い素焼きの水がめが出来る。これは、熱の打撃により、黒かったすべての地の原子が赤くなることによるとされる。青かったマンゴーの実が赤くなるのも、太陽の熱の打撃によるのであり、わたしたちが食べた者がまったく違った色の糞便になるのも、消化機能を持つ腹中の火の熱の打撃によるのだとされる。

［24］数は「～が一つある」などの言語表現の特有の原因である。数は九種の実体に存し、一から万載（京《けい》）まである。数一には常住のものと無常のものとがあり、常住の実体に存する数一は常住であり、無常の実体に存する数一は無常である。これに対して、数二以上の数はすべて無常である。

数一は数える前からすべての実体にある。例えばコインの枚数を数えるとき、コインに予め内属している数一を対象として「コインが一枚ある」と知り、また別のコインに内属している数一を対象として「コインが一枚ある」と知る。すると、この二つの知識を動力因として数二が発生し、その数二を対象として「コインが二枚ある」と知る。知識が数二の動力因であることから、この場合の知識は、特別に「動力因としての知識」、「それを待って数二が生ずるところの知識」(apekṣābuddhi) と言う。「コインが二枚ある」との知識が記憶へと転化するや、数二は役割を終えて消滅する。数二が消滅することなくいつまでも残存すると、わたしたちは、数えるまでもなく「コインが二枚ある」と知ることなるが、そのような事態は決して生じない。この問題は、「数二の発生（と消滅）」理論と呼ばれる。インド論理学派では、知識の対象は必ず実在する、というのが鉄の法則とされるのである。

［25］度量は「これはこの大きさ・長さである」との言語表現の原因であり、九種の実体に存し、小・大・長・短の四種ある。

「小」はさらに「極小」（原子大）と「小」（原子が二つ結合した二原子体の大きさ）に分かれ、「大」は、二原子体が三つ結合した三原子体以上の有限な「大」と、虚空などの「極大」に分かれる。

［26］別異性は「これはあれとは別のものである」との言語表現の原因であり、全ての実体に存する。

コインが複数あるところから一つのコインを選んで「コインが一枚ある」と知るとき、わたしたちは、数あるコインのなかから一枚を他のコインとは別に選択することになる。すなわち、「コインを一枚を他とは別のものとして選んだ」との知識を得るのであるが、この知識にも実在の対象があるはずで、それが「一別異性」である。二枚選んだときには、対象は「二別異性」であるとされる。

［27］結合は「結合している」との言語表現に特有の原因であり、すべての実体に存する。

［28］分離は結合を消滅させる性質であり、すべての実体に存する。

［29］かなた性とこなた性は「これはそれよりもかなたにある」「こなたにある」との言語表現の特有の原因であり、地などの四種の実体と意とに存し、空間的なものと時間的なものとの二種ある。〔二つのものが直線状に並んでいる場合、〕遠くにあるものには空間的なかなた性があり、近くにあるものには空間的なこなた性がある。〔二人の人がいる場合〕老人には時間的なかなた性があり、若者には時間的なこなた性がある。

［30］重さは最初の落下運動の非内属因であり、地と水とに存する。

［31］流動性は最初の流出運動の非内属因であり、地・水・火に存する。それには本然的なものと原因があってのものとの二種ある。水の流動性は本然的なものであり、地と火の流動性は原因があってのものである。地の元素よりなる酪などは火との結合により生ずるものである。

［32］粘着性は粉などを団子状にする原因としての性質であり、水のみに存する。

［33］音声は耳によって捉えられる性質であり、虚空にのみ存する。それには音と声とがある。太鼓などの音声は音であり、サンスクリット語などの形態を取る音声は声である。

［34］知識はすべての言語表現の原因となる覚知である。それには想起と経験知との二種がある。想起とは、潜在的形成力として記憶のみから生ずる知識のことである。それとは異なる知識が経験知である。

［35］それには如実のものと如実でないものとの二種ある。甲を有するものについて、「これは甲を主要な限定者とするものである」とする知識が如実の知識である。例えば、銀について、「これは銀である」とする知識がそうである。それこそが真知と呼ばれる。甲の無を有するものについて、「これは甲を主要な限定者とするものである」とする経験知は如実でない知識である。例えば、真珠貝（銀性の無を有するもの）について、「これは銀（甲を主要な限定者とするもの）である」とする知識などがそうである。

知覚の対象となるものには、数多くの限定者（viśeṣaṇa）がある。例えば、目の前にあるものには、有性、実体性、銀性、銀色、数一、一別異性などがある。しかし、「これは銀である」と判断したときには、銀性に注目しているのである。そこで、「これは銀である」との判断は、銀性を主要な限定者（prakāra）とするものであるとされるのである。

[36] 如実の知識は、知覚・推論知・類推知・ことばによる知の別により四種である。如実《にょじつ》の知識を生ずる道具は、知覚・推論・類推・ことばの別により四種である。

知覚 pratyakṣa ←感官 akṣa ごとの prati もの（「道具としての知覚」と原語の形が同じなので、敢えてこう訳した）

推論知 anumiti ←動詞語根 anu-mā-「後で量る、推論する」

類推知 upamiti ←動詞語根 upa-mā-「近づけて量る、譬える、類推する」

ことばによる知 śābda ← śabda「ことば」

道具 karaṇa ←動詞語根 kṛ-「作る」

推論 anumāna

類推 upamāna

ことば sābda

[37] 他と共通することのない原因、それこそが道具である。

[38] 原因は、かならず結果よりも時間的に前に存する

[39] 結果は、先行無の対蹠者である。

対蹠者 pratiyogin（本書三四頁を参照されたい）

[40] 原因は、内属因・非内属因・動力因の別により三種ある。内属する結果を生ずる原因が内属因である。例えば、糸は布の、布は自身に存する色の、それぞれに内属因である。結果あるいは原因と同じものに結果が内属している場合、その原因が非内属因である。例えば、糸同士の結合は布の、糸の色は布の色の、それぞれに非内属因である。その両者とは異なるけれども原因であるものが動力因である。例えば、梭《ひ》や織機などは布の動力因である。

[41] それら三種の原因の中で、他とは共通しない原因、それこそが道具である。

[42] そのうち、知覚をもたらす道具が知覚である。感官と対象の接触より生ずる知識が知覚である。それには、無分別知と有《う》分別知との二種がある。そのうち、主要な限定者の無い知覚

が無分別知である。例えば、「これは……」とだけの、判断の形を成さない知覚がそれである。主要な限定者の有る、判断の形を成す知覚が有分別知である。例えば、「この人（の名前）はディッタである」とする知覚、「この人は婆羅門である」とする知覚、「この人は色黒である」とする知覚がそれである。

無分別（の）nirvikalpaka ←動詞語根 vi-klp-「分ける」
有分別（の）savikalpaka

目の前のものを見たとき、それが何であるかとの名称が特定されない段階の知識が無分別知で、それが何であるか、記憶を辿ってその名称を探り当て、それによって「これは～である」と言語化された知識が有分別知であるとされる。無分別知は記憶に転化されないが、有分別知は記憶に転化され、後の様々な有分別知の成立に資することになる。

[43] 知覚の原因である感官と対象との接触は、結合、結合したものへの内属、結合したものに内属したものへの内属、内属、内属したものへの内属、限定するものと限定されるものとの関係、以上の六種である。

眼によって水がめの知覚が生ずる場合、結合が接触である。

眼によって水がめの色の知覚が生ずる場合、結合したものへの内属が接触である。眼によって水がめの色の色性という普遍の知覚が生ずる場合、結合したものに内属したものへの内属が接触である。眼と結合した水がめに内属した色に色性は内属しているからである。耳で音声を知覚する場合、内属が接触である。耳孔に存する虚空が耳だからであり、また音声は虚空の性質だからであり、また性質は性質を有するもの（実体）に内属しているからである。

耳で音声性を知覚する場合、内属したものへの内属が接触である。耳に内属している音声に音声性は内属しているからである。

無を知覚する場合、限定するものと限定されるものとの関係が接触である。「この床は水がめの無を有する」と見て取った場合、眼と結合したこの床を水がめの無は限定するものだからである。

このように六種の接触のいずれかにより生ずる知識が知覚であり、それをもたらす道具が感官である。それゆえ、感官が知覚という真知をもたらす道具であることが確定された。

この知覚の源泉としての六つの接触という理論は、『ヴァイシェーシカ・スートラ』と『パダールタダルマ・サングラハ』に展開される理論を、ニヤーヤ学派の六世紀初頭の学匠ウッディヨータカラが、『ニヤーヤ・スートラ』一・一・四への註釈の中で、要領よくまとめたものである。

［44］推論知をもたらす道具が推論である。省察《せいさつ》より生ずる知識が推論知である。省察とは、遍満関係に限定されたものが主張の主語であると知ること、これが省察である。たとえば、「かの山は、火によって遍満される煙を有する」と知ることが省察である。それより生ずる「かの山は火を有する」との知識が推論知である。「およそ煙のあるところには火がある」という必然的同伴関係が遍満関係である。「遍満されるものがかの山などに存する」ということが、それが主張の主語であるということである。

省察 parāmarśa ←動詞語根 para-ā-mṛś-「他からこちらへ摑み取る」
遍満関係 vyāpti ←動詞語根 vi-āp-「隅々にまで至る」
主張の主語 pakṣa ←「翼、党派」
必然的同伴関係 sāhacaryaniyama ←「相伴うもの sāhacara であること sāhacarya が決まっていること niyama」

議論を先取りして、他者のための推論式で言えば、山に煙が上っている場合、〔主張〕かの山は火を有する。〔理由〕煙を有することのゆえに。〔喩例〕およそ煙を有するものは火を有する。かまどのように。火を有しないものは煙を有しない。湖のように。〔適用〕かの山は、火によって遍満されている煙を有する。〔結論〕故に、かの山は火を有する。

この場合、喩例で示された煙と火との遍満関係に鑑み、そのような遍満関係にあるものを問題のかの山に適用し、省察を行うことによって確認をなした上で、かの山は火を有するとの結論を導くのである。かくして、適用こそが推論の要であることを強調することで、インド論理学派は、適用を推論式として認めない仏教論理学派の見解を否定したのである。

〔45〕推論には、自分のための推論と他人のための推論との二種ある。自分のための推論が自分の推論知の原因である。ある人が、自身で繰り返し観察することによって、「およそ煙のあるところには火がある」と、かまどなどにおける（煙と火との）遍満関係を捉えたあと、山の近くに赴いて、「かの山にも火があるのだろうか」と疑いながらも、かの山に煙が立っているのを目の当たりにして、「およそ煙のあるところには火がある」という遍満関係を思い出したとしよう。するとそのすぐあとに、「かの山は、火に遍満される煙を有する」との知識が生ずる。この知識こそが論証上の目印の省察と呼ばれる。それにより、「かの山は火を有する」という推論知なる知識が生ずる。これこそが自分のための推論である。

ある人が、自身で煙から火を推論したのち、そのことを他人に知ってもらおうと五肢より成る推論式を用いるとする、それが他人のための推論である。「かの山は火を有する。煙を有することのゆえに。およそ煙を有するものは火を有する。かまどのように。これもそうである。

ゆえにそうである」と。こうして教えられた他人は、論証上の目印から火のあることを理解するにいたるのである。

論証上の目印 liṅga ←「目印、象徴」

〔46〕主張・理由・喩例・適用・結論、以上が五肢である。「かの山は火を有する」が主張であり、「煙を有することのゆえに」が理由であり、「およそ煙を有するものは火を有する。かまどのように」が喩例であり、「かの山もそうである」が適用であり、「ゆえにそうである」が結論である。

主張 pratijñā ←動詞語根 prati-jñā-「他人に対して prati 認識を立てる、約束する」
理由 hetu
譬例 udāharaṇa ←動詞語根 ud-ā-hṛ-「取り上げて ud- こちらに ā- 持って来る hṛ -」
適用 upanaya ←動詞語根 upa-nī-「近くに導いて来る」
結論 nigamana ←動詞語根 ni-gam-「辿り着く」

〔47〕自分のための推論知と他人のための推論知をもたらす道具は論証上の目印の省察にほか

ならない。ゆえに、論証上の目印の省察が推論である。

論証上の目印の省察 liṅga-parāmarśa

［48］論証上の目印は、肯定的にも否定的にも関係を有するもの、肯定的にのみ関係を有するもの、否定的にのみ関係を有するものとの三種ある。

肯定的にも否定的にも遍満関係を有する論証上の目印が、肯定的にも否定的にも関係を有する論証上の目印である。例えば、論証されるべき火に対して煙を有することがそれである。「およそ煙のあるところには火がある、かまどのように」というのが肯定的な遍満関係である。「およそ火のないところには煙がない、湖のように」というのが否定的な遍満関係である。

肯定的にのみ遍満関係を有する論証上の目印が肯定的にのみ関係を有する論証上の目印である。たとえば「水がめは言語表現されるものである。知られるものであることから。布のように」という場合、知られるものであることと言語表現されるものであることとの間に否定的な遍満関係は無い。いかなるものも知られるものでありかつ言語表現されるものだからである。

否定的にのみ遍満関係を有する論証上の目印が、否定的にのみ関係を有する論証上の目印である。例えば「地は他のものと異なる。香を有することのゆえに。およそ地より他のものは香を有することがない。水のように。これはそうではない。ゆえにそうではない」という場合、

「香を有しながら地とは異なるもの」という肯定的な実例はない。地のみが主張の主語だからである。

肯定的にも否定的にも関係を有するもの anvayavyatirekin

肯定的にのみ関係を有するもの kevalānvayin

否定的にのみ関係を有するもの kevalavyatirekin

〔49〕疑問をもたれている論証されるべきものを有するものが主張の主語である。「煙を有すること」を理由として論証されるべきものが主張される「かの山」のごときがそれである。

論証されるべきもの sādhya ←動詞語根 sādh-「成就する、論証する」

〔50〕〔主張の主語と〕同質のものは確定された論証されるべきものを有する。例えば、かまどは山とまったく同じく煙を有し、かつ「山」の例では論証されるべきものである火を有することが確定されている。

同質のもの sapakṣa ←「主張の主語 pakṣa と同質の sa- もの」

［51］その「山」と異種のものは確定された論証されるべきものの無を有する。例えば、大きな湖は、山とはまったく異なり煙を有しないし、同時に火を有しない。

異質のもの vipakṣa ←「主張の主語 pakṣa とは異質の vi- もの」

［52］逸脱のある理由、矛盾する理由、反対の主張を許容する理由、成立していない理由、合理性の破綻した理由、以上が五つの似非《えせ》理由である。

逸脱のある sa-vyabhicāra
矛盾する viruddha
反対の主張を許容する sat-pratipakṣa
成立していない asiddha
合理性の破綻した bādhita（真っ向から否定されている）
似非理由 hetv-ābhāsa（見せかけの理由）

［53］逸脱のある理由が不定である。それは、共通性によるものと、非共通性によるものと、

無関係性によるものとの三種である。

そのうち、論証されるべきものの無を包摂するものが「共通性による不定」である。例えば、「かの山は火を有する。知られるものであることのゆえに」という場合、知られるものであることは、火の無を有する湖にも存するからである。

いかなる主張の主語と同質のものとも異質のものとも重ならないものが「非共通性による不定」である。例えば、「音声は常住である。音声であることのゆえに」という場合、音声であることは、いかなる常住のものとも無常のものとも重ならず、音声にのみ存する。

肯定的な実例も否定的な実例も有しないものが「無関係性による不定」である。例えば、「一切のものは無常である。知られるものであることのゆえに」という場合、「一切のもの」が主張の主語なのであるから、実例なるものはない。

不定 anaikāntika ←「一つところに定まる ekānta こと aikāntika が無い a- こと」

[54] 論証されるべきものの無によって遍満されている理由が矛盾した理由である。たとえば、「音声は常住のものである。作られたものであることのゆえに」というのがそれに当たる。なぜなら、作られたものであることは、常住であることの無である無常のものによって遍満されているからである。

［55］論証されるべきものの無を論証する別の理由を含んでいる理由、それが反対の主張を許容する理由である。例えば、「音声は常住である。聞かれるものであることのゆえに。音声性のように」と「音声は無常である。造られるものであることのゆえに。水がめのように」が並び立つようなものである。

［56］成立していない理由は、拠り所が成立していない理由、本質的に成立していない理由、遍満されることが成立していない理由の三種である。

拠り所が成立していない理由とは、例えば、「空中の蓮華は香りがよい。蓮華であることのゆえに。池に生える蓮華のように」という場合のものである。この場合、空中の蓮華が理由の拠り所であるが、そのようなものはまったくない。

本質的に成立していない理由とは、例えば、「音声は性質である。目に見えるものであることのゆえに」という場合の理由である。この場合、音声には目に見えることは無い。音声は聞こえるものだからである。

偶有的な条件の付いた理由が、遍満されることが成立していない理由である。論証されるべきものを遍満していても、論証するものを遍満しないものが偶有的な条件である。論証されるべきものと基体を同じくすることの絶対無の対蹠者でないことが、論証されるべきものを遍満していることである。論証するものを有するものに存する絶対無の対蹠者であることが、論証するものを遍満していないことである。「かの山は煙を有する。火を有することのゆえに」という場合、湿った薪との結合が偶有的な条件である。つまり、「およそ煙のあるところには湿った薪との結合がある」というのは、理由が論証されるべきものを遍満しているということである。「火のあるところには湿った薪との結合がない。熱鉄球に湿った薪との結合はないことのゆえに」というのは、理由が論証するものを遍満していないということである。このように、論証されるべきものを遍満しているけれども論証するものを遍満していないから、湿った薪との結合は偶有的な条件である。偶有的な条件が付いているから、火を有することは、遍満されることが成立していない理由である。

偶有的な条件 upādhi ←動詞語根 upa-ā-dhā-「近くに持って来て置く」→「例えば、実在する実属性である「牛性」に対して、「牛性性」「牛性性性」など、表現上は有り得るが実在しない虚属性」

[57] 他の真知をもたらす道具によって論証されるべきものがないことが確定する理由が、合理性の破綻した理由である。例えば、「火は熱くない。実体であることのゆえに」という場合がそれにあたる。この場合、熱くないことが論証されるべきものであるが、その無である熱いことが皮膚によって把捉されると、これが、合理性が破綻しているということになる。以上で

推論の解説終わり。

［58］ 類推知をもたらす道具が類推である。名称と名称を有するものとの関係についての知識が類推知である。その類推知をもたらす道具が類似性の知識である。拡張された文意を想起することが介在的な機能である。すなわち、人が、「ガヴァヤ」という語が何を指すかを知らないでいても、誰かしらの廣野の住人から「ガヴァヤは牛に似ている」と聞いたのち深い森に入り、その文意を思い出しながら牛に似た個体を見るとして、そのすぐあとに、「これが「ガヴァヤ」という語が指すものだ」という類推知が生ずる。以上で類推の解説終わり。

類似性 sādṛśya ← 「見た目 dṛśya が同質の sa- ものであること」
拡張された atideśa ← 「しかるべき位置 deśa を超えている ati-」
介在的な機能 avāntara-vyāpāra

［59］ 信頼に値する人によって語られるものがことばである。信頼に値する人とは、ものごとを如実に語る人のことである。語られるものとは語の集まりのことである。例えば、「牛を連れて来なさい」のように。語は文意を伝える力能《りきのう》を持っている。「この語からこの意味を知らねばならない」という主宰神の意図による取り決めが語の力能である。

信頼に値する人 āpta
取り決め saṃketa ←「アリストテレスがその意味で用いたギリシア語の synthēkē が語源と思われる」

［60］構文上の期待・整合性・近接性が、文意を知らしめる原因である。ある語がそれとは別の語の構文上の分離によってもたらされた、構文上の連結の理解の無をもたらす構文上の分離の対蹠者であるということ、これが構文上の期待である。意味が破綻しないこと、これが整合性である。もろもろの語が長い間隔を置かずに発声されること、これが近接性である。

構文上の期待 ākāṅkṣā ←動詞語根 ā-kāṅkṣ-「待ち望む、志向する」
整合性 yogyatā ←「整合している yogya こと -tā」←動詞語根 yuj-「結びつく、結び付ける」
近接性 saṃnidhi ←動詞語根 saṃ-ni-dhā-「すぐそこに置き据える」

例えば、「この床には水がめが無い」という文は、インド論理学派では、「この床には水がめの無がある（実在する）」と変換される。この場合、「この床」は「無」の受容者（anuyogin）、肯定的に（asu- 結びついているもの yogin）と呼ばれ、また、この「無」は「水がめ」の無であるので、「水がめ」は、対蹠者（pratiyogin、逆様に prati- 結びついているもの yogin）と呼ばれる。

［61］構文上の期待などが欠けた文は、真知をもたらす道具ではない。例えば、「牛は、馬は、人は、象は」という文は、真知をもたらす道具ではない。構文上の期待を欠くからである。「火を注げ」という文は、真知をもたらす道具ではない。整合性を欠くからである。途切れ途切れにばらばらに発声された「牛を——連れて——来なさい」などというもろもろの語は、真知をもたらす道具ではない。近接性がないからである。

［62］文には、ヴェーダ聖典の文と世俗の文との二種がある。ヴェーダ聖典の文は、主宰神が語ったものであるから、すべて真知をもたらす道具である。世俗の文は、信頼に値する人が語ったものならば真知をもたらす道具であるが、それ以外は真知をもたらす道具ではない。

ヴェーダのことばは誰によっても作られたものではないというのが、伝統的な見解であり、主宰神が語ったものだとする見解は一般的ではない。

［63］文意の知識がことばによる知識であり、それをもたらす道具がことばである。

［64］如実でない経験知は、疑惑・取り違え・仮言命題を用いる考察の別により、三種である。

一つの基体について、相容れない複数の属性との限定者被限定者関係を捉える知識が疑惑である。例えば、「〔暗がりの中に立っているものは〕杭であろうか、それとも人であろうか」というものがそれに当たる。

誤った知識が取り違えである。例えば、真珠貝について、「これは銀である」とするのがそれに当たる。

遍満されるものをわざと立てることによって遍満するものを立てること、これが仮言命題を用いる考察である。例えば、「もしも火が無いならば、煙も無いであろう」とするのがこれに当たる。

疑惑 saṃśaya ←動詞語根 saṃ-śī-「すっかり横たわる、どっちつかずのままでいる」
取り違え viparyaya ←動詞語根 vi-pari-i-「あちこち歩きまわる」
仮言命題を用いる考察 tarka

[65] 想起は、如実のものと如実でないものとの二種である。真知より生ずる想起は如実のものであり、偽知より生ずる想起は如実でないものである。

[66] すべての人に受け入れられるものが楽である。

〔67〕すべての人に受け入れられないものが苦である。

〔68〕欲望が欲求である。

〔69〕瞋恚《しんい》が嫌悪である。

〔70〕実行しようとすることが内的努力である。

〔71〕ヴェーダ聖典によって命ぜられた行為より生ずるものが功徳である。

〔72〕ヴェーダ聖典によって禁ぜられた行為より生ずるものが罪障である。

〔73〕知識をはじめとする八つの性質は、自己に特有の性質である。

〔74〕知識・欲求・内的努力は、常住のものと無常のものとの二種である。主宰神のものは常住であり、個々の生類のものは無常である。

〔75〕潜在的形成力は、慣性力・記憶力・弾力との三種ある。慣性力は、地などの四つの実体と意に存する。経験知より生ずる記憶をもたらすものが記憶力であり、自己にのみ存する。変形されたものを元の状態に戻すものが弾力であり、筵などの地〔より成るもの〕に存する。以上が性質である。

慣性力 vega
記憶力 bhāvanā ←動詞語根 bhū-「生ずる」の使役動詞形
弾力 sthiti-sthāpaka「本来の立ち位置に立たしめる力」

〔76〕動くことを本質とするものが運動である。
上方の場所との結合をもたらす原因が上昇である。下方の場所との結合をもたらす原因が下降である。より近くの場所との結合をもたらす原因が収縮である。より遠くの場所との結合をもたらす原因が伸長である。そのほかのすべての運動が移動であり、地などの四つの実体と意とのみに存する。

〔77〕常住で、ただ一つで、複数のものにまたがっているものが普遍であり、実体・性質・運

動に存する。それは、高次のものと低次のものとの二種である。高次の普遍は有性であり、低次の普遍は実体性などの類である。

[78] 常住の実体に存し互いに排除し合うものが特殊である。

[79] 内属は常住の関係であり、不可分離のもの同士の中に存する。二つのものの間に一つの不滅で互いに離れないものがある場合、その二つのものは不可分離の関係にある。部分と全体、性質と性質を有するもの、運動と運動を有するもの、普遍と個物、特殊と常住の実体とがそれに当たる。

[80] 始めがなく終わりがあり、結果が生ずる以前にあるものが先行無である。始めがあり、終わりがなく、結果が生じた直後からあるものが破壊無である。過去時・未来時・現在時の三つの時間領域にわたって関係によって局限されたものを対蹠者とするものが絶対無である。例えば、「この床に水がめが無い」というのがそれに当たる。同一性関係によって局限されたものを対蹠者とするものが相互無である。例えば、「水がめは布ではない」というのがそれに当たる。

同一性関係 tādātmya「かのもの tad を自身の本性とするもの tādatma であること」

局限された avacchinna ←動詞語根 ava-cchid-「切り取る、局限する」

［81］すべてのカテゴリーは以上述べたことの中に含まれるから、カテゴリーは七つあるのみだということが確定された。

ヴァイシェーシカ哲学とニヤーヤ哲学を初学者である若者たちにしっかりと理解してもらうために、智者アンナンバッタがこの『タルカサングラハ』を著したのである。

ケーシャヴァミシュラ『タルカバーシャー』（論理学の基礎用語）

未熟な若輩者にもかかわらず、わずかに聞き知ったことを頼りに、未熟ながらも論理学に分け入ろうとする人のために、簡潔にまとめられた理路に密着したこの『タルカバーシャー』を私は明かすのである。

「真知の道具・真知の対象・疑惑・目標・実例・定説・論証肢・仮言命題を用いる考察・決定・議論・勝ちさえすれば良いという喧嘩論法・揚げ足取り論法・似非理由・詭弁・見当違いのそもそも論、言い負かして決着がつく状況、これらの真相を知ることにより至福が得られるのである。」（ガウタマ『ニヤーヤ・スートラ』一・一・一）

というこの『ニヤーヤ・スートラ』の意味するところは次の通りである。

「真知の道具などの十六領域の真相を知ることにより解脱に至るのである」と。

真知の道具などの真相を知ることは、それらの列挙・定義・討究がなされないうちは正当な知識とは言えないのである。『ニヤーヤ・スートラ』の註釈者であるヴァーツヤーヤナは語る。「この学問は、列挙・定義・討究の三段構えで機能する」（同右）と。

まず列挙であるが、これは、名称のみによって、問題となる事柄を明示的に並べることであり、それはこのスートラですでに為されている。

定義とは、他のものとは共通することのない属性を言明することである。例えば、牛について言えば、「それが喉元の垂肉を有すること」である。
定義が定義されたものに合致するか否かと精査することが討究である。よって、こうした定義と討究を経て、真知の道具などの真相を知るためのことがなされなければならないのである。

〔1 もろもろの真知の道具について〕

〔1-1〕
この場合にも、まず、列挙された真知の定義がとりあえず述べられる。真知をもたらす道具が真知の道具である。この場合、「真知の道具」が定義されるものであり、「真知をもたらす道具」が定義である。
〔問〕真知をもたらす道具が真知の道具であるならば、その真知の道具がもたらす結果が語られてしかるべきである。道具は結果をもたらすことに決まっているからである。
〔答〕確かにその通りである。つまり、真知こそが道具のもたらす結果である、ということはその通りである。例えば、切断の道具である斧、その結果が切断に他ならないように。

〔1-2〕

では、真知の道具が真知をもたらす道具であるところの真知とは何かと言えば、それは、如《にょ》実《じつ》の経験知である。「如実の」と言うことによって、疑惑・取り違え・仮言命題を用いる考察といった、如実ではない知識が排除される。「経験知」と言うことによって、想起が排除される。想起は、かつて知られたものを対象とする知識である。経験知と言うのは、想起ではない知識である。

〔1―3〕

では、道具とは何なのであろうか。

結果をもたらす最高の力を発揮するものが道具である。これは、結果をもたらすことで他に抜きん出る力を持つもの、結果をもたらす最高の突出したもの、という意味である。

〔1―4〕

〔問〕原因は結果をもたらすものである。にもかかわらず、原因は道具と同等のものとは認められていない。では、原因とは何なのであるか。

〔答〕結果よりも必ず時間的に前に有り、かつ、しかるべき結果以外のものをもたらすことがないもの、それが原因である。例えば、糸や織機などは布の原因である。

布が生ずるときにたまたま通りかかった驢馬などが、布よりも時間的に前に有ったとしても、いつもそうだというわけではない。

糸の色は布よりも必ず時間的に前に有るとは言え、それは、布ではないもの、つまり布の色をもたらすものなのである。糸の色は、布の色を生ずることですべてが費やされるので、それが布に対してもその原因であるとすると、想定過剰の過失に陥ってしまうからである。よって、しかるべき結果以外のものをもたらすことがないこと、かつ、必ず結果よりも時間的に前に有ること、これが原因の必須要件であり、また、原因からしかるべきものとしてもたらされ、かつ、原因よりも必ず時間的に後に有ること、これが結果の必須要件である。

〔ある論者の主張〕結果と似ていながらも似ていないものが原因である。

〔答〕それは正しくない。常住で遍在する虚空などは、時間や空間と似ていないことはないから、その論者の主張では、それらはいかなるものの原因でもないことになってしまうからである。

〔1-5〕

原因には、内属因、非内属因、動力因の三種類がある。

そのうち、自身に内属する結果を生ずるものが内属因である。例えば、糸は布の内属因である。なぜなら、布は糸にのみ内属するのであって、梭《ひ》などに内属するのではないからである。

〔問〕布は、糸と関係していると同時に、梭などとも関係している。なのに、どうして布が糸にのみ内属し、梭などには内属していないのか。

〔答〕なるほど。しかし、関係には二種類ある。結合と内属とである。そのうち、不可分離にある二つのものの間の関係が内属である。そうではない二つのものの間の関係は結合である。

では、どのような二つのものが不可分離であるのか。

二つのもののうち、一つのものが、消滅に向かうことなく、もう一つのものに依存して存立している場合に限って、二つのものは不可分離である。次のように言われている。

「二つのもののうち、一つのものが、消滅に向かうことなく、もう一つのものに依存して存立している場合に限って、その二つのものは不可分離であると知るべきである。」

そうした二つのものとは、具体的には、部分と全体、性質と性質を有するもの、運動と運動を有するもの、普遍と個物、特殊と常住の実体である。部分は全体に、性質は性質を有するものに、運動は運動を有するものに、普遍は個物に、特殊は常住の実体に依存している限り、消滅に向かうことなく存立する。

ところが、部分などが、全体などに依存しないときには、二つのものは、まさに今、消滅に向かう状態にある。例えば、糸が消滅するに当たって、糸と布とが、また、基体が消滅するに当たって、基体と属性とがそれに当たる。消滅に向かう状態とは、消滅をもたらす一揃いの原因がそこにあることである。

消滅に向かう状態 vinaśyat-tā 〔消滅に向いつつあるもの vinaśyat であること -tā〕

一揃いの原因 kāraṇa-sāmagrī 〔原因 kāraṇa のひとまとまり sāmagrī〕

糸と布も、部分と全体に他ならない。故に、この二つのものの関係は内属である。両者は不可分離だからである。

しかるに、梭と布との関係は内属ではない。両者は不可分離ではないからである。梭は布に依存しているものとして存立しているのではないし、布が梭に依存しているのでもない。故に、両者の関係は結合に他ならない。

さて、以上のように、布は糸に内属している。結果がそこに内属して生ずるところのそれが内属因である。故に、糸こそが布の内属因なのであり、梭はそうではない。

また、布は、自身に存する色などの内属因である。同様に、土塊も水がめの内属因であり、水がめも、自身に存する色などの内属因である。

〔問〕水がめなどが生ずるまさにそのときに、そこに存する色なども生ずる。故に、性質とその性質を有するものとは同時に存するものであるから、牛の左右の角と同様に、両者は因果関係には全くない。両者が生ずるに当たっての、両者の時間的な前後関係はないからである。故に、水がめなどは、そこに存する色などの内属因ではない。内属因は、それとは異なる原因だからである。

〔答〕性質とその性質を有するものとは、同時に生ずるのではない。そうではなく、まず性質を有しない実体が生じ、その後で、その実体に内属する性質が生ずるのである。性質とその性質を有するものが同時に生ずるのだとすると、両者は成立要件をすべて同じくするものだということになり、両者に違いがまったくないことになろう。結果の違いは成立要件の違いによって決まるからである。

したがって、最初の刹那《せつな》には、性質を有しない水がめが生ずるのである。原因は、性質よりも時間的に前に存するからこそ、性質の内属因となるのである。

〔問〕もしもそうであるならば、水がめは、生じた最初の刹那には目に見えないであろう。なぜなら、その水がめは、例えば風のように、無色の実体だからである。つまり、大性を有し、かつ顕現した色を有する実体だけが目に見えるということである。また、目に見えないそうした実体は、実体を部分として有しない実体〔つまり、極小である地水火風の原子および意、あるいは、極大である虚空・時間・空間・自己のいずれか〕であろう。実体を部分として有しない実体は、〔色などの〕性質の拠り所ではないからである。すなわち、「実体は性質の拠り所である」というのが実体の定義だということである。

〔答〕なるほど。しかし、生じた最初の刹那に水がめが目に見えないとして、我々の見解に何の問題があると言うのか。というのも、水がめが性質を伴って生ずると論じたとして、目を閉じているときには水がめは目に見えないからである。故に、まさに、性質を有しない水がめが最初に生ずるのだ、ということは何の問題もないのである。

第二刹那以降にあっては、水がめは目に見える。また、「生じた最初の刹那には水がめは性質の拠り所ではないから、その水がめが、実体を部分として有しない実体だ」ということにはならない。なぜなら、「実体は内属因である」という、実体の定義にかなっているからである。また、きちんと沿っているからこそ、その水がめは性質の拠り所だからである。その水がめが性質の絶対無を有しないこと、これが、実体の定義にかなっているということなのである。

＊

非内属因について。

内属因果に近接していて、かつ、原因としての力を有することが確定されるもの、それが非内属因である。

例えば、糸同士の結合という性質は、布の非内属因である。糸同士の結合という性質は、布の内属因である糸という、性質を有するものに内属していて、布の内属因である糸に近接しており、また、布以外のものをもたらすことがなく、かつ、結果である布よりも必ず時間的に前に存するから、また、まさに原因であるからである。同様にして、糸の色は布の色の非内属因である。

〔問〕布は、布の色の内属因である。すると、その布に存する何らかの属性も、布の色の非内属因としても構わないことになる。まさに、その属性は、内属因である布に近接しているからである。糸の色はそうではない。なぜなら、糸の色は、布の色の内属因である布に近接していないからである。

〔答〕いや、そう考えてはならない。問題の属性の内属因である布の内属因である糸に近接している属性までもが、つながりをたどれば、布の色の内属因である布に近接していることになるからである。

*

動力因について。

内属因でも非内属因でもないけれども原因であるもの、それが動力因である。例えば、織機などは布の動力因である。

*

以上三種類の原因は、有るものだけの原因である。無の原因は動力因だけである。無はいかなるものにも内属しないからである。内属というのは、二つの有るものだけに存する属性だからである。

*

こうした三種類の原因のなかで、ともかくも突出している原因こそが道具である。ということで、「真知をもたらす道具（pramā-karaṇa）が真知の道具（pramāṇa）である」という定義が確定されたことになる。

ある論者は、「いまだかつて知られていなかった対象を捉えるものが真知の道具である」と主張するが、それは間違っている。なぜなら、同じ水がめについて、「これは水がめである」「これは水がめである」というように、連続した流れを捉える知識は、すでに捉えられたものを捉えるだけの知識であるから、真知の道具によってもたらされたものではないことになってしまうからである。

また、「これは水がめである」「これは水がめである」といった複数の知識は、それぞれ、異なる刹那に限定されたものを対象とするのであるから、真知の道具は、いまだかつて知られていなかった対象を捉えるものではないが、知覚によって、微小な時間差を捉えることはできない。というのも、微小な時間差を捉えることができれば、運動に始まって結合に終わるもろもろの事象を、常識的な視覚のありかたからして、「これらは同時のものである」と思い込むことなどありえないことになってしまうからである。つまり、「まず運動があり、その運動の後に分離があって、その分離からそれまでの結合が消滅し、その次にまた新たな結合が生ずる」というようなもろもろの事象を、我々の眼が一つずつ別々にとらえることはできないのである。

〔問〕真知の原因は、真知を担う主体（自己）、真知の対象など多数ある。それらもまた道具であるのか否か。

〔答〕真知を担う主体と真知の対象があっても、それだけでは真知は生じない。また、しかし、それらが感官と結合したなどのことがあれば速やかに真知が生ずるから、感官との結合などこそが道具なのである。真知を担う主体も真知の対象も、真知をもたらすことに違いはないとはいえ、まさにその突出性により、感官との結合などがそれらを凌駕しているから、それこそが突出して真知をもたらすもの、最もよく真知をもたらすものである、つまり「道具」であると言われたのである。ゆえに、感官との結合などこそが真知をもたらす道具であるから真知の道具であり、真知を担う主体などはそうではないのである。

＊

また、真知の道具には四つある。そこで、『ニヤーヤ・スートラ』（一・一・三）には、「知覚、推論、類推、ことば、以上が真知の道具である」と説かれる。

〔1-6〕

では、知覚とは何か。

対象を直接覚知する真知の道具が知覚である。感官より生ずる真知、それが、対象を直接覚知する真知であると言われる。それには、有《う》分別知（言語化された知識）と無分別知（言語化されていない知識）との二種類がある。真知をもたらす道具には三種類ある。ある場合には「感官」がそれであり、ある場合には「感官と対象との接触」がそれであり、ある場合には「知識」がそれである。

では、どういう場合に「感官」が真知をもたらす道具であるのか。

それは、無分別の真知が結果である場合である。すなわち、まず、自己が意と結合する。意が外的な感官（眼・耳・鼻・舌・皮膚）と結合する。その感官が対象と結合（＝接触）する。感官は、事物に到達して、必ずそれを照らす働きをするからである。次に、対象と接触した感官によって、名称や普遍などとの結びつきがなく、事物そのものを端的に捉える、「これは何らかのものだ」という無分別知が生ずる。この知識をもたらす道具が感官である。例えば、切断をもたらす道具である斧にとって、木との結合がそうであるように、無分別知が感官の結果である。例えば、斧の結果が切断であるように。

では、どういう場合に「感官と対象との接触」が真知をもたらす道具であるのか。無分別知が生じてから直ちに、名称や普遍などとの結びつきを本性とする、「この人はディッタである」とか、「この人は婆羅門である」とか、「この人は色黒である」とかの、限定するものと限定されるものとを捉える有分別知が生ずる。この場合、感官と対象との接触が道具であり、無分別知が媒介機能であり、有分別知が結果である。

では、どういう場合に「知識」が真知をもたらす道具であるのか。このように有分別知が生じたすぐ後に、対象を捨てるか、取るか、放置するか、との判断が生ずる。その場合、無分別知が道具であり、有分別知が媒介機能であり、捨てるなどの判断が結果である。

あるものから生じ、別のものを生ずるものが、媒介機能である。例えば、斧より生ずる斧と木との結合は、斧から生ずる切断を生ずる。このことに関して、ある論者は、「有分別知などの道具も感官にほかならない。接触など、中間にある限りのものは、みな、媒介機能である」と言う。

＊

さて、感官と対象との接触は、対象を直接覚知する真知の原因であるが、それにはかっきり六種類あるとされる。すなわち、結合、結合したものへの内属、結合したものに内属したものへの内属、内属、内属したものへの内属、限定するものと限定されるものとの関係、以上の六種類である。

＊

そのうち、眼によって水がめを対象とする知識が生ずる場合、眼が感官であり、水がめが対象であり、この二つのものの接触が結合である。この二つのものは不可分離ではないからである。同様にして、内的な感官である意によって、「これが私である」との、自己を対象とする知識が生ずる場合、意が感官であり、自己が対象であり、この二つのものの接触が結合である。

では、どのような場合に、結合したものへの内属が接触であるのか。例えば、「この水がめは黒い」という、眼によって水がめに存する色が捉えられる場合、眼が感官であり、水がめの色が対象であり、この二つのものの接触が、結合したものへの内属である。眼と結合した水がめに、色は内属するからである。同様にして、自己に内属した楽などが意によって捉えられる場合、結合したものへの内属こそが接触である。

水がめに存する度量（大小長短）などを捉える場合、四種の接触も、偶有的な原因であると考えられる。なぜなら、たとい、結合したものへの内属があっても、結合できない遠くのものの度量などは捉えられないからである。

四種の接触とは、感官の部分と対象の全体との接触、感官の全体と対象の部分との接触、感官の部分と対象の部分との接触、感官の全体と対象の全体との接触、以上の四つである。

また、水がめの色に内属した色性などの普遍が眼によって捉えられる場合、眼が感官であり、色性などが対象であり、この二つのものの接触が、結合したものに内属したものへの内属にほかならない。眼と結合した水がめに内属した色、その色に色性は内属するからである。

また、どのような場合に、内属が接触なのであろうか。耳という感官によって音声が捉えられる場合、耳が感官であり、音声が対象であり、その二つのものの接触が内属にほかならない。耳孔によって局限された虚空が耳である。耳は虚空そのものであるから、また、音声は虚空の性質であるから、また、性質と性質を有するものとの関係は内属だからである。

また、どのような場合に、内属したものへの内属が接触であるのか。音声に内属した音声性という普遍が耳という感官によって捉えられる場合、耳が感官であり、音声性が対象であり、その二つのものの接触が、内属したものへの内属にほかならない。耳に内属した音声に音声性が内属するからである。

また、どのような場合に、限定するものと限定されるものとの関係が、感官と対象との接触であるのか。

「この床に水がめが無い」というように、眼と結合したこの床における水がめの無が捉えられる場合、限定するものと限定されるものとの関係が接触である。水がめの無が、眼と結合したこの床を限定するものであり、この床が限定されるものである。

また、「私には楽が無い」というように、意と結合した自己に楽の無が捉えられる場合、楽の無が、意と結合した自己を限定するものである。

耳に内属した ga 音節に gha 音節の無が捉えられる場合、gha 音節の無が、耳に内属した ga 音節を限定するものである。

まとめて言えば、五種類の関係（接触）のうちの一つの関係によって関係づけられたものにおける「限定するものと限定されるもの」という形を取った感官と対象との接触によって、無が感官によって捉えられるのである。

内属も同様である。「このもろもろの糸に布の内属がある」というように、眼と関係づけられたもろもろの糸を限定するものとして、布の内属が捉えられる。

以上のように、六種類の接触が説かれ終わった。まとめて言えば次の通り。

「感官より生ずる真知には、有分別知と無分別知との二種類がある。真知の原因には三種類あり、接触には六種類ある。

水がめ、水がめの黒色、黒色性、音声、音声性なる普遍、無・内属は、六種類の関係（接触）によって捉えられる。」

〔仏教論理学派の問〕第一義的には、そのもの自体（自相）を対象とする無分別知だけが知覚であるはずである。それにたいして、有分別知は、名称という目印を有するものに寄り添った形相を捉えるものであるから、普遍（共相《ぐうそう》）を対象とするものである。そのようなものがどうして知覚であろうか。そもそも、対象より生ずる知識こそが知覚なのである。第一義的に有るものは対象であり、まさにその対象こそが知覚を生ずるのである。そのもの自体は第一義的に有るものであるが、普遍はそうではない。普遍は、真知の道具によって否定される仮初《かりそめ》のものなのであり、他の普遍を排除することを本性とするものであり、空虚なものでしかないからである。

第一義的に paramārthataḥ ←「最高の parama 意味 artha」

仏教論理学派の開祖ディグナーガが展開した「他者の排除（anya-apoha）が普遍にほかならない」とする理論である。これについては、本書一一一～一一二頁を参照されたい。

〔答〕とんでもない話である。普遍も日常の言語空間の必須の要素たる事物に他ならないものだからである。

以上、知覚は説き終えられた。

＊

〔1－7〕

論証上の目印の省察《せいさつ》が推論である。それによって推理してもたらされる知識、それが推論知である。また、論証上の目印の省察によって推理されるのであるから、論証上の目印の省察が推論である。〔山から立ち昇る煙を見て、かの山に火があることを知るというなどの場合、〕煙などがあるとの知識がそれに当たる。それが、推論知をもたらす道具だからである。かの山に火があるとの知識が推論知である。その推論知をもたらす道具が、煙があるなどとの知識である。

＊

では、論証上の目印とは何か、また、その省察とは何か、以下にそれを解説する。

遍満関係を介して推論が目指す対象に至らしめるものが論証上の目印である。例えば、煙は火の論証上の目印である。また、「およそ煙のあるところには火がある」という、煙と火との必然的同伴関係が遍満関係である。その遍満関係が捉えられたときにこそ、煙は火の存在につながっていくものである。ゆえに、煙は、遍満関係を介して火を推論せしめるものであるから、火の論証上の目印である。そのことを確証せしめる第三の知識が、論証上の目印の省察である。すなわち、もともとかまどなどに煙を見る体験をした人は、その折に繰り返し火を目撃することによって、「およそ煙のあるところには火がある」という、煙と火との本性的な関係を経験的に熟知するに至る。

遍満関係 vyāpti ←動詞 vi 広く āp- 到達する

「およそ、マイトリーの息子であることが有るところには、色黒であることが有る」ということを繰り返し見ることができたとしても、マイトリーの息子であることと色黒であることとの間には、本然的な関係はない。あるのは偶然の関係だけである。つまり、菜食主義者であるという偶有的な条件（ウパーディ）があることによるだけのことなのである。すなわち、マイトリーの息子であるということは、その者が色黒であることを指し示すものではなく、ただ、菜食主義者であることによる違いを指し示すものでしかない。この場合に指し示すものが偶有的な条件であるとされるのである。

しかし、煙と火との関係には、いかなる偶有的な条件もない。もし仮にそのようなものがあるとすれば、それは整合性のあるものか、あるいは整合性のないものか、その何れかである。整合性がないものは、考え付くことすらできないし、また、整合性のあるものが偶有的な条件として認知されるはずもないからである。

偶有的な条件がある場合には、まさにその偶有的な条件が認知される。例えば、煙と火との関係の場合、湿った薪との結合が偶有的な条件である。また、殺生ということと罪障をもたらすものであることとの関係にあっては、〔ヴェーダ聖典の規定によって〕殺生が禁ぜられているということが偶有的な条件である。また、マイトリーの息子であることとその者が色黒であることとの関係の場合、菜食主義者であることによる違いが偶有的な条件である。

ところが、煙と火との同伴関係の場合、いかなる偶有的な条件もない。「もしも有るならば見えるであろうが、見えないのであるから無いのである」という仮言命題を用いる考察を補助とする不認識を伴う知覚によってこそ、そこに偶有的な条件がないことが確認される。

そこでまた、偶有的な条件はないと捉えることより生ずる記憶の補助を受け、繰り返し見ることより生じた記憶の補助をうけながら同伴関係を捉える知覚によってこそ、煙と火との遍満関係が確認されるのである。よって、煙と火との関係は本然的なものにほかならず、偶有的な条件によるものではない。そして、その本然的な関係こそが遍満関係だと言われるのである。

＊

さて、このような論理的筋道によって煙と火との遍満関係が捉えられている場合、次のような経緯となる。

かまどを見て得た煙の知識、これが最初の知識である。

論証の主張の主語となるかの山を見て得られた煙の知識、これが第二の知識である。

次に、「およそ煙の有るところには火が有る」という、以前に捉えていた煙と火との遍満関係を想起し、人は、ほかならぬかの山に煙の有ることを省察する。「かの山には、火に遍満される煙が有る」というように。この煙の知識が第三の知識である。この知識は、必要不可欠の知識である。さもなければ、「およそ、煙の有るところには火が有る」だけで終わってしまうであろう。しかし、それだけでは、「ここにも」火があるという知識が成立するはずはないであろう。「ここにも煙が有る」という知識は、外すことのできない知識なのである。これこそが論証上の目印の省察であり、これこそが真知をもたらす道具であるから推論である。そこから、「かの山には火が有る」という推論知が生ずるのである。

〔問〕以前にかまどから得た最初の煙の知識が、どうして火の有ることを推論せしめないのか。

〔答〕なるほど。しかし、それだけでは、煙と火との遍満関係が捉えられていない。だから、煙と火との遍満関係が捉えられてはじめて、推論知が得られるのである。

〔問〕いや、むしろ、煙と火との遍満関係が確定されている状況で、かまどの例を頼りにして「火が有る」と推論されてしかるべきなのではないか。

〔答〕とんでもない。「かの山」云々の場合、煙と火との遍満関係はまだ捉えられていないからである。煙と火との遍満関係が捉えられてはじめて、推論知が生ずるのである。

〔問〕煙と火との遍満関係が確かめられたあとでというのならば、かまどの例を頼りにした段階で「火が有る」と推理されていたことになるのではないか。

〔答〕とんでもない。火が直に見えているのならば、何の疑問も生じないから推論も必要がないであろう。そうではなく、有るかどうか疑問に思われるからこそ、疑問の対象について推論が行われるのである。『ニヤーヤ・バーシヤ』の作者（ヴァーツヤーヤナ）も言っているように、「まったく認知されていない対象、すでに分かってしまっている対象に、論理は展開されない」（一・一・一）と。

〔問〕山麓にたどり着いたばかりの人に煙の知識が生じたのであれば、なぜその煙の知識が山に火が有ることを推論せしめないのか。この場合、火が有るかどうかの疑問は存在しているではないか。論証を妨げる根拠がないからには、疑問はすでに論理展開の段階に入っているのではないか。

〔答〕なるほど。しかし、煙と火との遍満関係を捉えていない人のごとくに、煙と火との遍満関係を忘れてしまっている人にも、推論は生じないのであって、煙と火との遍満関係の想起も、推論知をもたらす原因なのである。「およそ、煙を有するものは火を有する。かまどのように」というように、煙を見たあとで記憶が甦った人は、煙と火との遍満関係を思い出す。ゆえに、煙を見て、それから煙と火との遍満関係が想起されるのであって、それ以外ではない。これまさにそれこそが推論であり、それこそが論証上の目印の省察にほかならないのである。これにより、論証上の目印の省察が推論であることが確定されたことになる。

＊

また、推論には、自分のためのものと他人のためのものとの二種類がある。

自分のための推論は、自分の理解の原因である。

すなわち、ある人が、まず、「みずからがかまどなどで見た」という限定的な知覚によって煙と火との遍満関係を捉えたのち、山麓にたどり着いたとする。そこでその人は、山に火が有るのかどうかに思いを致す。それから、途切れることなく天まで届く一筋の煙が山から立ち昇っているのを見ることになるが、そうして煙を見ることで記憶が甦ったその人は、「およそ、煙が有るところには火が有る」という煙と火との遍満関係を想起する。そこで、その人は、「ここにも火が有るのだ」と理解するに至る。そこで、その人は、「かの山には火が有る」と自分自身で理解するに至る。これが自分のための推論である。

一方、ある人が、自分で煙から火を推論したあと、他人にも理解させようとして、五肢より成る推論式を用いるとする。それが他人のための推論である。例えば、

「かの山は火を有する。」

「煙を有することのゆえに。」

「およそ、煙を有するものは火を有する。かまどのように。」

「かの山もそうである。」

『ゆえにそうである。』

というように、主張などより成るこの推論式によって知らしめられた五つの形式を具えた論証上の目印から、他人も火があることを理解するに至る。これが他人のための推論である。

＊

ここで、「かの山が火を有すること」が論証されるべきことであり、「煙を有すること」が理由である。そして、この場合の理由は、肯定的かつ否定的な理由である。その理由が、肯定的にも否定的にも煙と火との遍満関係を有するからである。

すなわち、「およそ、煙を有するものは火を有する。かまどのように」というのが肯定的な煙と火との遍満関係である。かまどには、煙と火とが肯定的に結びついているからである。

また、「およそ火が無いところには煙がない。湖のように」というのが否定的な煙と火との遍満関係である。湖には、煙と火との否定的な結びつきが見られるからである。

否定的な遍満関係であることのいきさつは次のとおりである。「肯定的な遍満関係にあっては遍満するもの、その無がこの場合には遍満されるものである」と。このことが次のように説かれている。

「有るものの間で遍満されるものと遍満するものとの関係があるとき、当該の二つのものの無がそれとは反対に理解される。

肯定的な遍満関係では、論証するものが遍満されるものであり、論証されるべきものが遍満するものであるとされる。

それとは逆に、論証されるべきものの無は遍満されるものであり、論証するものの無が遍満するものである。

遍満されるものが先に置かれ、遍満するものが後に置かれる。

そのように考え合わせれば、遍満関係ははっきりと分かるようになる。」（クマーリラ『シュローカヴァールッティカ』一二一－一二三）

このように、煙を有することという理由は、肯定的にも否定的にも遍満関係を有する。ところが、先に紹介した推論式では、ただ肯定的な遍満関係だけが示されている。そうであるのは、一つの遍満関係だけでも目的は達成されるからである。なかでも、肯定的な遍満関係は直線的であるために、代表して示されるのである。曲がった道に沿って論証される対象は、直線的には論証するものと結びつかないからであって、決して、否定的な遍満関係がないからというのではない。ゆえに、「煙を有すること」という理由は、肯定的かつ否定的なものなのである。

同様に、「無常であること」などが論証されるべきものである場合でも、「作られたものであること」などという理由は、肯定的かつ否定的なものである。例えば、「音声は無常である。作られたものであることのゆえに。およそ、作られたものは無常である。水がめのように。およそ、無常でないものは作られたものではない。虚空のように」という次第である。

ある理由は、否定的なものでしかない。例えば、「自己を有すること」が論証されるべきものである場合、「気息などを有すること」が理由である。そこで、「生きている身体は自己を有する。気息などを有することのゆえに。およそ、自己を有しないものは気息などを有しない。水がめのように。この生きている身体はそうではない。ゆえにそうではない」という推論式になる。

定義もまた、否定的でしかない理由である。例えば、「今問題となっているものは「地」だと言わなければならない。香を有することのゆえに。およそ、「地」と言われないものは香を有するものではない。水のように」というように。

あるいはまた、真知の道具の定義は、「真知をもたらす道具であること」である。「知覚などは「真知の道具」と言わなければならない。真知をもたらす道具であることのゆえに。およそ、「真知の道具」と言われないものは真知をもたらす道具ではない。似非知覚のように。さて、これはそうではない。ゆえにそうではない」という風に。この場合、「およそ、真知をもたらす道具は「真知の道具」と言われなければならない。かくかくのように」という肯定的な実例が無いのである。「真知の道具」だけが主張の主語とされているからである。また、この場合、「言われるべきもの」が論証されるべきものなのであり、「真知の道具であること」がそうなのではない。「真知の道具であること」は、「真知をもたらす道具であること」という理由と区別できないのであって、そうすると、論証する理由と論証されるべきものとの区別がつかないと

郵 便 は が き

料金受取人払郵便

神田局
承認

1163

差出有効期間
2025年10月
31日まで

101－8791

5 0 7

東京都千代田区西神田
2-5-11出版輸送ビル2F

㈱花 伝 社 行

ふりがな
お名前

お電話

ご住所（〒　　　　　　　　　）
（送り先）

◎新しい読者をご紹介ください。

ふりがな
お名前

お電話

ご住所（〒　　　　　　　　　）
（送り先）

愛読者カード

このたびは小社の本をお買い上げ頂き、ありがとうございます。今後の企画の参考とさせて頂きますのでお手数ですが、ご記入の上お送り下さい。

書 名

本書についてのご感想をお聞かせ下さい。また、今後の出版物についてのご意見などを、お寄せ下さい。

◎購読注文書◎

ご注文日　　　年　　月　　日

書　　名	冊　数

代金は本の発送の際、振替用紙を同封いたしますのでそちらにてお支払いください。
なおご注文は TEL03-3263-3813 FAX03-3239-8272
また、花伝社オンラインショップ https://kadensha.thebase.in/
でも受け付けております。（送料無料）

いうおかしなことになってしまうからである。

以上のように、否定的でしかないもろもろの理由が説示された。

ある他の理由は、肯定的でしかないものである。例えば、「ことばは語られるものである。知られるものであること」のゆえに。およそ、知られるものは語られるものである。「これは水がめである」というように。これもまたそうである。ゆえにそうである」と。この場合、ことばにとって、「語られるものであること」が論証されるべきものであり、「知られるものであること」が理由である。この理由は、肯定的でしかないものである。「およそ、語られないものは知られないものである。たとえば、かくかくのように」という否定的な実例が無いからである。というのも、いかなる場合にも、実例は、真知の道具によるものばかりだからである。また、いかなる実例も、知られるものであり、かつ、語られるものである。

＊

これら、肯定的かつ否定的な理由、肯定的なだけの理由、否定的なだけの理由という三種類の理由のうち、肯定的かつ否定的な理由は、五つの在り様をすべて具えているときにのみ、論証されるべきものを論証することが可能であり、一つでも在り様を欠いては駄目なのである。その、理由が具えるべき五つの在り様というのは、「理由が主張の主語の属性であること」、「理由が主張の主語と同質のものであること」、「理由が主張の主語と異質なものから排除されていること」、「一貫性が否定されるものを対象としていないこと」、「当該の主張に反する主張を容認するものでないこと」、以上である。

さて、理由が主張の主語の属性であることなどの、理由が具えるべきこれら五つの在り様は、肯定的かつ否定的な理由に求められるものである。

すなわち、「煙を有すること」という理由は、主張の主語であるかの山の属性である。確かに、「煙を有すること」は、かの山に有るからである。

理由が主張の主語と同質のものであるとは、かの山と同質であるかまどに有るということである。

また、理由が主張の主語と異質なものから排除されているとは、理由が主張の主語とは異質のものには無い、ということである。

また、「煙を有すること」という理由は、一貫性が否定されるものを対象としていない。すなわち、「煙を有すること」という理由の対象は、論証されるべき属性であるが、その属性とは、かの山が属性とするはずの火のことであり、このことは、どのような真知の道具によっても一貫性は否定されない、つまり、決して論破されないという意味である。

また、理由は、当該の主張に反する主張を許すものではない。「煙を有すること」という理由によって、反する主張が成り立たないということである。つまり、理由は、当該の主張に反する主張を許さない、という意味である。つまり、反する主張があるとすれば、それは、別の理由があるとされ、その別の理由が、論証されるべきものと反対のものを論証してしまうとされるが、そのような可能性は、「煙を有すること」という理由にはまったく見いだせないのである。そのような別の理由があるとは、まったく覚知されないからである。

このように、「煙を有すること」という理由には、こうした五つの在り様が具わっているのである。ゆえに、「煙を有すること」という理由は、「かの山が火を有するということ」を論証するに至る十分な根拠なのである。

＊

火が主張の主語の属性であることは、理由が主張の主語の属性であることから論証される。推論には、「遍満関係」と、「主張の主語の属性であること」との二つの柱がある。

そのうち、遍満関係によって、論証されるべきものについての一般法則（およそ普く、煙を有するものは火を有するということ）が論証され、理由が主張の主語の属性であることによって、論証されるべきもの（火）が主張の主語と結びついたものだという特殊事情（他ならぬかの特定の山が火を有するということ）が論証される。かの山の属性である「煙を有すること」によって、これまたかの山の属性である火も推論されるのである。そうでないとすると、論証されるべきものについての一般法則が、他ならぬ遍満関係の把捉から論証されるのは推論のおかげであるという、本末転倒した話になるのである。

その他にも肯定的かつ否定的な理由があるが、そのすべては、五つの在り様を具えていてはじめて、正しい理由なのである。そうでないものは、似非理由、理由ならざるものだということになる。

また、肯定的なだけの理由は、四つの在り様を具えてはじめて、みずからが論証すべきものを論証するのである。というのは、そうした理由には、主張の主語と異質なものから排除されることがないということである。この場合、主張の主語と異質なものはないからである。

否定的なだけの理由も、四つの在り様を具えてこその話なのである。そうした理由は、主張の主語と同質なものに有ることはない。主張の主語と同質なものはないからである。

では、主張の主語と同質のもの、異質なものとは何であろうか。有るかどうか疑われているものを属性として有するものが主張の主語である。例えば、「煙」云々の推論の場合、かの山が主張の主語である。そして、かの山と同質のものとは、論証されるべきものが有ると分かりきっているもの（火）を属性として有するもののことである。例えば、「煙」云々の推論の場合、かまどがかの山と同質のものである。また、それと異質なものとは、論証されるべきものがないことが分かりきっているものを属性として有するもののことである。たとえば、当該の推論で言えば、湖がそれに当たる。

＊

以上のように、理由として、肯定的かつ否定的なもの、肯定的なだけのもの、否定的なだけのものが説き示された。以上の理由以外のものは似非理由である。

＊

似非理由は、「成立していないもの」、「相容れないもの」、「一つところに定まらないもの」、「別のものを論証する働きをするもの」、「時間遅れのもの」、以上の五種類に分かれる。

そのうち、論証上の目印とは認められない理由が、「成立していないもの」である。それには、「拠り所が成立していないもの」、「それ自体が成立していないもの」、「遍満されるものであることが成立していないもの」、以上の三種類がある。

「拠り所が成立していないもの」とは、例えば、「空中の蓮華（眼病による錯視の所産）は香りがよい。蓮華であることのゆえに。水に生える蓮華のように」という場合、空中の蓮華が理由の拠り所であるが、そのようなものはまったく存在しない。

「それ自体が成立していないもの」とは、例えば、「音声は無常である。目に見えるものであることのゆえに。水がめのように」という場合、目に見えるものであることが理由であるが、そのようなものは音声にはまったく存在しない。音声は聞かれるものだからである。

さらに、「遍満されていることが成立していないもの」には二種類ある。第一のものは、遍満関係を捉える真知の道具が無いということだけによるものである。第二のものは、偶有的な条件があることによるものである。

そのうち、第一のものは、例えば、「音声は刹那滅である。有ることのゆえに。およそ、有るものは刹那滅である。雲の集まりのように。音声などもそうである」（仏教論理学派の主張）という場合のものである。「有ること」と「刹那滅であること」との間の遍満関係を捉えのものと関連したことであると理解できるであろう。

第二のものは、例えば、「意志の内よりする殺生が罪障を論証するものである。殺意であることのゆえに。意志との無関係の殺生のように」という場合のものである。というのも、この場合、「殺生であること」は、罪障を論証するものとは結びつかない。結びつくのは、〔ヴェーダ聖典の規定によって〕禁じられていることにほかならない。つまり、論証するものと結びつくものは、偶有的な条件だということである。すなわち、論証されるべきものを遍満しているが、論証するものを遍満しないものが偶有的な条件である、というのが偶有的な条件の定義である。それが、「禁じられていること」に存するのである。「禁じられていること」は、「殺生であること」という、論証するものを遍満しない。というのは、およそ、殺生ということが有るところには、「必ず禁じられていること」が有るというわけではないということである。犠牲祭での殺生は、〔ヴェーダ聖典の規定によって〕禁じられていないからである。このように、「禁じられていること」という偶有的な条件があるので、殺生であることが他の事と関連する遍満関係に依存しているのであるから、論証されるべきものである「罪障であること」との間の遍満関係は成立していないのである。

論証されるべきものと正反対のものに遍満されている理由が、「相容れないもの」である。

例えば、「音声は常住のものである。作られたものであることのゆえに。自己のように」という場合、「作られたものであること」という理由は、論証されるべき「常住であること」と正反対の「無常であること」によって遍満されているということである。およそ、作られたものは無常のものでしかなく、常住のものではない。ゆえに、「作られたものであること」という理由は相容れないものである。

「一つところに定まらないもの」とは、逸脱があるということである。それには二種類ある。共通なものであるがゆえに一つところに定まらないものと、固有なものであるがゆえに一つところに定まらないものとである。

そのうち、主張の主語・それと同質のもの・それと異質のもの、これらすべてのものに存するものが、共通なものである。例えば、「音声は常住のものである。知られるものであることのゆえに。虚空のように」という場合、「知られるものであること」は、常住のものにも無常のものにも存するものである。

同質のものからも異質のものからも排除され、主張の主語にのみ存するもの、それが固有なものであるがゆえに一つところに定まらない理由である。例えば、「地は常住のものである。香を有することのゆえに」という場合の理由である。というのも、「香を有すること」は、常住の同質のものからも、無常の異質のものからも排除されており、地にしか存しないものだからである。

「別のものを論証する働きをするもの」とは、論証されるべきものと正反対のものを論証してしまう他の理由の存在を許してしまうような理由のことである。例えば、「音声は無常のものである。常住の属性を欠いていることのゆえに」「音声は常住のものである。無常の属性を欠いていることのゆえに」といった場合のものである。これこそが、一般的には「主張に反する主張を許してしまう理由」とも言われるものである。

　別の真知の道具により「論証されるべきものがそれでは無いこと」が確認されている理由は、すでに論破されていることを対象とするものであるから、「時間遅れのもの」であるとされる、と、巷間言われている。例えば、「火は冷たいものである。作られたものであることのゆえに。水のように」といった場合の理由である。というのも、この場合、「作られたものであること」という理由によって論証されるべきものである「冷たいものであること」、そのようなものが無いことは、すでに知覚の段階で確認されていることである。他ならぬ触覚という知覚によって、火が熱いものであることは分かっているからである。

*

　以上で、推論の解説は終了した。

〔1―8〕

拡張された文意を想起することを補助として、牛との類似性によって限定された個物を「それ」と知ること、それが類推である。例えば、ガヴァヤなるものを知らない都会人でも「ガヴァヤは牛に似ている」ということを、とある曠野《あらの》の住人から聞いた上で山に赴き、そのことばの文意を想起しながら、牛との類似性によって限定されている個物を見るとき、その文意を想起することを補助として、牛との類似性によって限定された個物を認識すること、これが類推である。類推知をもたらす道具だからである。牛との類似性によって限定された個物を認識したすぐあとに、「この個物はガヴァヤと呼ばれるものである」との、名称と名称を有するものとの関係が知られる。これが類推知である。この類推知こそが、類推の結果である。なお、これは、知覚や推論では論証されないことについての知識をもたらすものであるから、知覚や推論とは別の真知の道具である。それが類推である。

以上で、類推の解説が終了した。

〔1-9〕

信頼に値する人の文章がことばである。その、信頼に値する人とは、如実にものごとを教示することのできる人のことである。

さて、その文章とは、構文上の期待と整合性と近接性を有するもろもろの単語が集まったもののことである。ゆえに、「牛は、馬は、人は、象は」という単語のただの羅列は文章ではない。単語たちが、構文上で互いに期待し合っていないからである。「火を注げ」というのは文章ではない。整合性が欠けているからである。「火を（直訳すれば、火をもって）」というサンスクリット語文法上の具格によって、火が、注ぐことというかたちの結果をもたらす道具であることが示されている。しかし、火が、注ぐことの道具となることは整合的ではない。火を注ぐことは、結果とそれをもたらす道具であることとの特定の関係に整合しないのであるから、「火を注げ」というのは文章ではない。また、一語一語、一更《こう》（三時間）おきに発せられた「牛を……連れて来い」などの複数の単語は文章とはならない。構文上互いに期待することがあっても、互いに整合性があっても、互いに近接していないからである。したがって、構文上互いに期待しあい、適合性を有し、近接している諸単語、それこそが文章を成すのである。例えば、「天界を望む者はジョーティシュトーマ祭を執行すべし」など、また例えば、「川岸に五つの果実がある」、さらにまた、遅滞なく発せられた「牛を連れて来い」などの諸単語が文章を成すのである。

〔問〕そうした場合でも、互いに期待するのは諸単語ではなく、事物なのではないか。果実など、しかるべく置かれるものは、川岸などを置かれる場所として期待するからである。とはいえ、人が考察の対象としているときに事物も互いに期待する、というのではない。期待というのは欲求を本性とするものである以上、人の知的作用に属するものだからである。

〔答〕なるほど。ただ、諸事物は、それぞれを指す単語を聞いた人に、互いを対象とする期待を生ずるから、「期待するもの」と言われる。そのことを説明する諸単語も、便宜的に、「期待するもの」と言われるのである。あるいは、諸事物を指すものとして示された諸単語は、おのおの、他の事物を対象とする期待を生ずるから、便宜的に、「期待を有するもの」だとされる。このように、諸事物は、期待を有し、互いに整合的であるが、そのことを介して、諸単語も、互いのつながりがついて整合的なのだと言われるのである。

それはそれとして、近接性とは、単一の人によって諸単語が遅滞なく発せられるということである。このことは、諸単語にだけあり得ることであり、諸事物を介しての便宜的な言い方なのではない。

ゆえに、以下の解釈が可能になる。

すなわち、諸単語は、事物を指し示すことを介して、それを聞く人に、他の単語を対象とする、あるいはほかの事物を対象とする期待を生ぜしめ、聞く人に了解されつつある互いのつながりについて整合的な事物を指し示すのであるが、そうした諸単語が近接した状態で集まったもの、それが文章である。

また、単語は音素《おんそ》（音節を構成する音の最小単位）の集まりである。そして、集まりとは、単一の知識の対象となるもののことである。また、諸音素は、順に発せられてすぐに消滅するものであり、よって、聞く人は、一度の多くの音素を認知することは不可能であるから、まずは、時間の順を追って一つ一つの音素を認知する。そして、単語の最後の音素を聞いたときに、それまで時間の順を追って認知してきたことから生じた記憶をたどって最後の音素にまでつながり、そのつながりによって単語を生み出す慣習的取り決めに染められた耳により、まさに一遍に、有ったり無かったりする多数の音素を捉えた、「これは何々という単語である」との理解が生ずる。再認識（時間の差があるなかでの同一性認識）のように、理解を補助するものが強力だからである。次に、時間の順を追って単語を一つずつ認知してきたことから生じた記憶を補助とした、また、単語とそれが指し示すものの理解に染められた耳によって、多数の単語を捉えるものとしての、文章の理解が得られるのである。

さて、こうした、信頼に値する人によって用いられた文章が、正しいことばと称される真知の道具である。その結果が文意の理解である。そして、ことばという真知の道具は、ヴェーダ聖典のことばにあっても、世間のことばにあっても、そのこと自体に変わりはない。ただし、世間のことばの場合、ある種のことばは信頼に値するが、すべてのことばがそうなのではない、という違いがある。これにたいして、ヴェーダ聖典のことばの場合、すべてのことばは、信頼に値する大主宰神が作ったものであるから、みな真知の道具である。その文章は、信頼に値するお方の文章だからである。

＊

以上で、四つの真知の道具の説明が終了した。これ以外に真知の道具はない。真知の道具であるものならば、すべては以上の四つのなかに含まれるからである。

〔1‐10〕

〔ミーマーンサー学派バーッタ派の問〕論理的要請も、独立した別の真知の道具なのではないか。理屈に合わない事態に遭遇するとき、それを理屈に合うようにする別の事態を想定することが論理的要請である。すなわち、「デーヴァダッタは太っているが、昼間はものを食べない」ということを見たり聞いたりしたとき、デーヴァダッタは夜にものを食べていると想定される。昼間にはものを食べない人が太っているということは、夜にものを食べているということ以外に合理的に説明できない。ゆえに、太っていることを、それ以外のやり方では合理的に説明できないことから導き出される論理的要請こそが、その人が夜にものを食べていることを理解させる真知の道具である。また、論理的要請は、知覚などとは異なったものである。その人が夜にものを食べていることは、知覚などの対象ではないからである。

〔答〕そうではない。その人が夜にものを食べていることは、推論の対象だからである。すなわち、「このデーヴァダッタは夜にものを食べている。昼間にはものを食べないのに太っていることのゆえに。およそ、夜にものを食べず、昼間にもものを食べない人は太っていない。この人はそうではない。ゆえにそうではない」という風に。他ならぬ否定的なだけの推論によって、その人が夜にものを食べていることが理解されるのであるから、なにゆえ、論理的要請が、独立した別の真知の道具として想定されなければならないのであろうか。

論理的要請 arthāpatti ←「意味 artha からして逢着するところ āpatti」←動詞語根 ā-pad-「こちらに至る、逢着する」

〔1-11〕

〔バーッタ派の問〕無と称されるものもまた、独立した別の真知の道具なのではないか。それは、何かの無を把捉することに資するからである。すなわち、水がめなどの不知覚によって水がめなどの無がはっきりと認知される。不知覚は知覚の無のことである。ゆえに、無という真知の道具によって水がめなどの無が捉えられるのである。

〔答〕そうではない。もしもこの床に水がめがあったならば、床が見えるように水がめも見えるはずである、などという仮言命題を用いる考察を補助としつつ、知覚されないという状況を踏まえた知覚によってこそ、無は捉えられるからである。

〔問〕感官は、それと結合した対象を捉えるものではないのか。「諸感官は対象に到達してから それを照らす。知識をもたらす道具であるから。光のように」とか、「眼と耳は対象に到達してからそれを照らす。外に向かう感官であるから。皮膚などのように」とか、貴君の学派の論客たちは論ずるが、我々の側の論にしても、皮膚などが対象に到達してからそれを照らすことを認めるのに変わりはない。

ところが、感官と無とのつながりはない。つながりには結合と内属とがあるが、そのどちらも感官と無とのあいだには無い。結合は二つの実体の間にだけある関係であることは決まった話である。感官は実体であるが、無は実体ではない。感官と無とは不可分離ではないから、両者の間に内属というつながりもない。

感官と無とは、限定するものと限定されるものとの関係にあることもない。この、限定するものと限定されるものとの関係なるものは、「感官とも無とも違いながら、しかも感官と無とを拠り所とし、かつ単一のものである」とは言えないからである。そもそも関係というものは、二つのものとは違いながら、しかも二つのものを拠り所とし、かつ単一のものである。

例えば、音を出すための太鼓と撥《ばち》との関係は結合であるが、それは、太鼓とも撥とも違いながら、太鼓と撥とを拠り所とし、かつ単一のものである。

ところが、限定するものと限定されるものとの関係なるものはそうではない。

例えば、「杖を持っている人」という場合はと言えば、杖と人とは、限定するものと限定されるものの関係にあるとはいえ、その関係は、杖とも人とも違うものではない。というのも、杖が限定するものだということは杖とは違うものではなく、人が限定されるものだということは人とは違うものではない。杖も人も、どちらもそれぞれそのもの自体にほかならないからである。

無は限定するものであり、床は限定されるものであるから、両者を結ぶ単一の関係などないのである。

また、無は、実体などのカテゴリーのいずれにも属さない。ゆえに、無に染められた知識（「どこそこに何々が無い」との知識）を生ずるものは、他ならぬ無そのものであり、それがそうした知識を限定するものであり、無とは別の何かがそうなのではない。

また、遍満するものと遍満されるものとの関係なども、同様に考えてしかるべきである。というのも、火などが遍満するものであることについて言えば、遍満するものとしての火に縛りつけられた知識（「火は煙を遍満するものである」との知識）を生ずるものは、他ならぬ火そのものだからである。

さらに、糸などが布の原因であるということも、結果と肯定的かつ否定的な対応関係を持つものである糸そのものなのであって、それとは別の何かなどではないのである。

無も、遍満するものでもあり、原因でもある。無には、それを限定する普遍などは有り得ない。

このように、限定するものと限定されるものとの関係は、限定するものそれ自体と限定されるものそれ自体、それらと別物でないし、それらを拠り所としているのでもない。限定するものであることは、限定するものであることでしかなく、限定されるものであることでは有り得ないし、限定されるものであることは、限定されるものであることでしかなく、限定するものであることでは有り得ない。また、限定するものと限定されるものとの関係は単一のものでもない。

「限定するものと限定されるものとの関係」は、サンスクリット語では viśeṣaṇa-viśeṣya-bhāva であるが、「限定するものと限定されるもの」という並列複合語のあとにある bhāva（〜であること）という語は、両者の一つ一つと結びついているのであって、両者まとめてのものと結びついているのではない。ゆえに、「限定するものであること」と「限定されるものであること」というのは有り得るが、それらはあくまで二つのものである。ところが、「関係」なるものは単一のものでしかない。ゆえに、限定するものと限定されるものとの関係なるものは「関係」ではない。遍満されるものと遍満するものとの関係なるものなども同様である。「関係」という語が用いられるのは、正しい関係が二つのものに関するものであることに似ていることから、慣用的方便として用いられているに過ぎない。

ゆえに、感官と結びついていない無を知覚として捉えることは不可能である。

〔答〕なるほど。ただ、「遍満関係は、有るものの間だけについてのみ言及されるものであるから、有るものを照らしている感官は、それが到達した有るものだけを照らすのであって、無を照らすのではない。無を照らす感官は、それが到達した無を照らすのではなく、もっぱら、限定するものと限定されるものとの関係を介してのみ、その無を照らすのである」というのが我々の定説である。

反対論者は、感官と結びついていない無を捉えることにまで話が及ぶのは不当な拡大適用という過失だとするが、その論点は、ほかならぬ「限定するものと限定されるものとの関係」によって退けられているのである。

反対論者が過失だと我々に投げつけるのと同等の過失が、ほかならぬその反対論者の考えのなかにも潜んでいるのである。

「議論する両者の間に同等の過失があったり、同等の反論があったりする場合、一方のみが質問攻めにあうべきではないのである。」

〔1-12〕

これから以下のことが論ぜられる。

「これは水である」などの知識が生じたとき、反対論者は、その知識が真知であると断じてから水などに対して行動を起こすが、我々は、それは本当にそうであろうかと疑うからこそ、まずは水などに対して行動を起こし、水などを確かに手に入れたとき、その知識が真知であったと断ずるのである。

真知であること↑「真知の道具より生じたものであること」prāmāṇya ↑「真知の道具 pramāṇa」

行動を起こす pra-vṛt-　その名詞形は pravṛtti

〔バーッタ派の見解〕行動を起こす前にこそ、人は、すでに獲得された知識が真知であると判断する。知識を捉えるものそれ自体によって、その知識に存する「真知であること」も捉えられるのであって、知識を捉えるのではないものが、その知識に存する「真知であること」を捉えるのではない。ゆえに、当該の知識以外のものを必要としないことこそが、当該の知識が真知であることは自律的であるということである。

知識は、それにもとづいて行動を起こす前にすでに捉えられているのであって、果たしてそれが真知であるかどうかと疑うことすらも、どうして有り得るであろうか。疑う根拠が知られていないものであれば、疑いがどうして起こり得るであろうか。ゆえに、行動を起こす前に、「〔対象が〕すでに知られたものであること」は外しようもないことである。と、このことから導き出される論理的要請により、ことの次第は次のようになる。

すなわち、すでに捉えられた知識には、それに存する「それ自体が真知であること」が、ほかならぬ論理的要請によって捉えられる。そのあとで、人は対象に対して行動を起こすのである。はじめに単なる知識だけが捉えられ、次に行動を起こしたあとでその結果を知ることで、その知識が真知であると判断する、というのではない。

すでに知られたものであること jñātatā ←動詞語根の jñā-「知る」の過去受動分詞 jñāta「知られたも

の」プラス -tā「であること」

〔我々の見解〕「〔対象が〕すでに知られたものであること」は外しようもないことだということから導き出される論理的要請によって当該の知識が真知であることが捉えられると言われたが、それこそ、我々が認めないところである。そのようなことでは、当該の知識が真知であることが捉えられるなど、遠い話でしかない。

こうした見解は、論敵（バーッタ派の開祖クマーリラ）の見解と伝え聞くものである。それは次の通りである。

水がめなどを対象とする知識が生じたとき、「この水がめは私によってすでに知られたものである」というように、水がめが「すでに知られたものであること」が反射的について来る。それゆえ、「知識が生じたとき、すでに知られたものであることという何かしらの付属物が同時に生じたのである」と推論される。そして、「すでに知られたものであること」は、知識が生ずる前に生じたものではないから、また、知識が生じたときに生じたものであるから、肯定的かつ否定的因果関係検証法により、知識によって生じたものであると判断される。また、このようであるから、この「すでに知られたものであること」という付属物は、知識より生ずるものであって、知識を措いては有り得ないのである。よって、論理的要請により、知識が自身の原因であること（当該の知識が真知であることは、はじめから知識に内在していること）が、

「すでに知られたものであること」なるものによって決着がつけられたのである。

〔我々の見解〕それは理にかなわない。「当該の知識の対象であること」とは別に、「知られたものであること」は有り得ないからである。

〔バーッタ派の見解〕いや、そもそも、「水がめが知識の対象であること」とは、水がめが、『知識より生じた知られたものであること』の拠り所であること」にほかならないからである。

まず、「水がめが知識の対象であること」は、「知識と対象とが同一であること」によるのではない。対象と知識（対象を有するもの）が同一のものであることは認められない。水がめから知識が生ずるから水がめが知識の対象であるとすると、感官なども知識の対象であることになってしまう。感官などからもそうした知識は生ずるからである。ゆえに、次のように推論される。

知識によって、水がめを拠り所とする、ほかならぬその水がめを当該の知識の対象であらしめる何らかのものが生じたのであって、そうではないものが生じたのではない。ゆえに、その何らかのものとは、「水がめが当該の知識の対象であること」以外のものでは有り得ない。ということから導き出される論理的要請によって、当該の知識の対象を拠り所とする「すでに知られたものであること」があることが確定される。単なる知覚という真知だけから、水がめが当該の知識の対象なのだということではないのである。

〔我々の見解〕対象と知識との関係は、本然的に成り立つものである。対象と知識との間には、その両者を対象と知識との関係ならしめる、本然的な違いがある。（対象と知識とが別のものではない、などということはあり得ない。）さもなければ、未来のものや過去のものが知識の対象であることがあり得なくなるであろう。未来のものや過去のものに、今の知識によって「知られたものであること」が生ずることはあり得ない。現在には無い拠り所に、現在有る属性が生ずることはあり得ないからである。

また、「水がめが知られたものであること」も、その水がめを捉える知識の対象なのであるから、まさにその「知られたものであること」にも、さらに別の「知られたものであること」が無ければならないことになる。かくして、無限後退という過失に陥るのである。

もし仮に、「知られたものであること」は、別の「知られたものであること」が無くても、まさに本質からして水がめなどが対象だとするならば、水がめなどにも、どうして「知られたものであること」が無くてはならないのであろうか。

あるいは、もし仮に、「知られたものがあること」が有るとしても、それだけによって知識は得られるのであり、真知の道具による知識という領域からまったく逸脱しない「特定の知られたものであること」によって真知であることが成り立つのであるから、どうして、真知であることが、知識を捉えるものによって捉えられるものなのであろうか。

もし仮に、真知の道具による知識という領域からまったく逸脱しない何らかの「知られたものであること」によって、知識と「それが真知であること」とがまさに一緒に捉えられるのだとするならば、「真知でないこと」についても、次にように言うことができる。「真知の道具でないものによる知識という領域からまったく逸脱しない「特定の何らかの知られたものであること」によって、知識と「真知でないこと」とがまさに一緒に捉えられることになるので、「真知でないこと」もまた、まさに自律的に捉えられるはずである」と。

もし仮にそうであったとしても、「真知でないこと」は他律的に捉えられるのだとすれば、「真知であること」も他律的に捉えられるはずだということになる。

他律的とは、当該の知識を捉えるものとは別のものによる、という意味である。というのも、知識は意の働きによる知覚によってこそ捉えられるものであり、「真知であること」は推論によって捉えられるものだからである。

その理由をもう少し説くことにする。

「これは水である」という知識が生じた直後の水を求めて起こす行動には、有効なものと無効なものとの二種類がある。このうちの有効な行動、それが実効性のある行動である。

それゆえ、当該の知識が如実のものであるという特質が真知であることであると推論される。

そして、その推論式は次の通りである。

「問題とされている『これは水である』との知識は真知である。実効性のある行動を生ずることのゆえに。およそ、真知でないものは、実効性のある行動を生じない。似非の真知のように」と。

これは否定的なだけの推論である。この場合、有効な行動を生ずる「これは水である」との知識、それが主張の主語である。「その知識が真知であること」が、論証されるべきものである。つまり、如実であるという意味であり、「それが真知の道具であるということ」ではない。それでは、経験知ではない想起への逸脱が生じてしまうからである。そして、今の推論における理由は、「実効性のある行動を生ずること」である。つまり、「有効な行動を生ずるものであること」といったほどのことである。

それはそれとして、このような否定的なだけの推論の「繰り返し状態」より得られた知識が真知であることが納得されたとき、そのことを実例として、水に対して行動を起こす前に、そのような論証上の目印による肯定的かつ否定的な推論によって、「繰り返し状態」ではなく得られる他の知識が真知であることが推論される。ゆえに、真知であることは他律的なものに他ならず、当該の知識を捉えるものだけによって捉えられるものではない。

実効性のある samartha ←「事物、対象 artha にすべて叶った sam-」「如実の」

＊

真知の道具は四つだけであると、伝統的な学問に則った学説のほんの一端に基づいて、私ケーシャヴァは、初心者たちの理解のために述べ来ったのである。

以上で、真知の道具という論題は終了した。

〔2　真知の対象〕

〔2-1〕

すでに真知の道具は語り終えられた。これから真知の対象が語られる。

「自己・身体・感官・対象・知識・意・行動・欠陥・転生《てんしょう》・果報・苦・輪廻世界からの最終的な脱却、以上が真知の対象である」(『ニヤーヤ・スートラ』一・一・九)

＊

そのうち、自己性という普遍を有するものが自己である。それは、身体や感官などとは別物であり、一々の身体ごとに互いに異なり、常住のものであり、遍在するものである。それは意によって知覚されるものである。

ただ、別の解釈では、自己は、知識などという性質を論証上の目印として推論されるものである。

すなわち、まず、知識などは自己の性質である。知識などは無常のものであるから、ただ一つの感官だけによって捉えられる。〔眼だけによって捉えられる〕色のように。そして、性質は、必ず、性質を有するものを拠り所とする。それらの性質のうち、知識などは、地などの物体の性質ではない。意によって知覚されるものだからである。というのも、およそ、地などの物体の性質は、意によって捉えられるものではないからである。色などのように。また、知識などは、空間、時間、意の性質ではない。他のものには無い固有の性質だからである。というのも、時間や空間などの性質である数などは、ある特定のものの固有の性質ではない。というのも、それらはすべての実体に共通する性質ばかりだからである。ところが、知識などは、ある特定のものの固有の性質である。なぜなら、それらは、性質であり、かつ、ただ一つの感官によって捉えられるものだからである。例えば〔眼だけによって捉えられる〕色のように。ゆえに、知識などは空間などの性質ではない。ゆえに、九種類あるなかの八種類の実体とは別の実体が、知識などという性質の拠り所であると言うべきである。それこそが自己である。

推論式は次の通り。

「知識などは、地など八種類の実体とは別の実体を拠り所とするものである。知識などは、地などの八種類の実体を拠り所とするものではなく、しかも性質であることのゆえに。およそ、地などの八種類の実体とは別の実体を拠り所としないものは、地など八種類の実体を拠り所とすることなく、かつ性質でもある、ということはない。色などのように」と。

これは、否定的なだけの推論である。

あるいは、次のようなものは肯定的なだけの推論である。すなわち、「知識などは、地など八種類の実体とは別の実体を拠り所とするものである。地など八種類の実体を拠り所とすることなく、かつ性質であることのゆえに。およそ、あるものを拠り所としない性質は、それとは別のものを拠り所とする。地などを拠り所としない音声が、地などとは別の実体である虚空を拠り所とするものであるように」と。

また、知識などは、地など八種類の実体とは別のものを拠り所とするものである。ゆえに、地など八種類の実体とは別の第九の実体が自己であることは確定された。そして、自己は、あらゆるところでその結果が認められるから、遍在するものである。最大の度量を有するものだということである。遍在のものであるから、自己は常住のものである。虚空のように。楽などは生類ごとに多様であるから、自己は、一々の身体ごとに互いに異なるものである。

〔2―2〕

自己が享受するさいの拠り所である究極の全体が身体である。享受するとは、楽と苦の何れかを体験することである。それに局限されたかたちで自己に楽などが生ずるところ、それが享受するさいの拠り所であり、それが身体である。あるいは、行為の拠り所が身体である。ここで行為というのは、自分の利益になるものを獲得し、不利益になるものを取り除くための運動のことである。

〔2―3〕

身体と結合していて、知識をもたらす道具であり、感官を超越したものが感官である。「感官を超越したものが感官である」というだけでは、時間なども感官であることになってしまうから、「知識をもたらす道具であり」と言われるのである。また、それだけでは、感官と対象との接触へも拡大適用されかねないので、「身体と結合していて」と言われるのである。「身体と結合していて、知識をもたらす道具であるものが感官である」というだけでは、光なども感官であることになってしまうので、「感官を超越したもの」と言われるのである。

その感官には六種類がある。鼻、舌、眼、皮膚、耳、意である。

そのうち、香を認知せしめる感官が鼻で、鼻孔の先端に存する。鼻は地の元素より成る。香を有することのゆえに。水がめのように。鼻が地の固有の性質である香を有するというのは、それが香を捉えるものだからである。

色など五つの性質のうちのある性質を捉える感官は、その性質と結びついている。例えば、色を捉える眼は色を有するものである。

味を認知せしめる感官が舌（ぜつ）であり、舌（した）の先端に存する。舌は水の元素より成る。味を有することのゆえに。舌が味を有するというのは、それが色など五つの性質のうち味だけを顕わにするものだからである。唾液のように。

色を認知せしめる感官が眼であり、瞳の先端に存する。それは火の元素より成る。色など五つの性質のうち色だけを顕わにするものだからである。燈明のように。

触を認知せしめる感官が皮膚であり、全身に遍満している。それは風の元素より成る。色など五つの性質のうち触だけを顕わにするものだからである。体に付着した水の冷たさを顕わにする風のように。

音声を認知せしめる感官が耳である。それは、耳孔によって局限された虚空に他ならない。それは他の実体ではない。音声を性質として有するものだからである。また、そうであることは、耳が音声を捉えるものだからである。色など五つの性質のうちの何らかの性質を捉える感官は、それぞれの性質と結びついたものである。例えば、眼など、色などを捉える感官は、色などと結びついたものである。音声を捉える感官が耳である。ゆえに、耳は音声を性質として有するものである。

楽などを認知せしめる感官が意である。それは「小」の度量を有し、心臓の内部に存する。

〔問〕眼などの感官が実在することを証明する真知の道具は何か。

〔答〕それは推論に限る。すなわち、「色などを認知することは、道具によって達成される。〔対象と接触するための〕運動であることのゆえに。切断運動のように」という推論である。

〔2-4〕

六種類のカテゴリーが知識の対象である。それは、実体、性質、運動、普遍、特殊、内属である。真知の道具なども対象のうちに含まれるとはいえ、特別の目的があるために、別扱いされるのである。六種類のカテゴリーのうち、内属因であるものが実体である。あるいは、性質の拠り所が実体である。実体は、地、水、火、風、虚空、時間、空間、自己、意のかっきり九種類である。

〔2-5〕

そのうち、地性という普遍を有するものが地である。地は、硬いとか柔らかいとかの、部分どうしのさまざまな特性と結びついており、鼻、地界の生類の身体、土塊、石、樹木などのかたちを取り、色、味、香、触、数、度量、別異性、結合、分離、かなた性、こなた性、重さ、流動性、潜在的形成力を性質として有する。

地には、常住のものと無常のものとの二種類がある。常住の地は、原子のかたちを取り、無常の地は、結果のかたちを取る。どちらの地にも、色、味、香、触があり、常住の地には、それに加えて、熱より生ずる性質がある。熱とは、火との結合のことである。その熱によってもとの色などが消滅し、別の性質が生ずる。これが熱より生ずる性質である。

水性という普遍を有するものが水であり、舌、水界の生類の身体、川、海、雪、雹などのかたちを取り、先述の五つの性質のうち香を除いたものに粘着性を加えた性質を有する。

それらの性質には、常住のものと無常のものとがある。常住の水の色などはすべて常住であり、無常の水の色などはすべて無常である。

火性という普遍を有するものが火であり、眼、太陽界の生類の身体、太陽、金、炎、稲妻などに分かれ、色、触、数、度量、別異性、結合、分離、かなた性、こなた性、流動性、潜在的形成力を性質として有する。

火に常住のものと無常のものとがあることは、上に同じ。

火には、(1) 色も触も感知される火、(2) 色も触も感知されない火、(3) 色は感知されないが触は感知される火、(4) 色は感知されるが触は感知されない火、以上の四種類がある。

色も触も感知される火とは、例えば、太陽光、炎など、まとまった形のある火がそれである。ついでに言えば、金は、突出した色と触が感知される火である。もしも金が、色が感知されない火であるならば、目に見えないであろうし、もしも触が感知されない火であるならば、皮膚に触れてもそれと分からないであろう。突出しているとは、他の地の色よりも強く、他の地の触よりも強いということである。色も触も感知されない火とは、例えば眼 (眼光線) がそれである。色は感知されないが触は感知される火とは、例えば、熱湯にある火がそれである。色は感知されるが触は感知されない火とは、例えば、燈明の光の輪がそれである。

風性との強いつながりを有するものが風であり、皮膚、風界の生類の身体、気息、吹く風などに分かれ、触、数、度量、別異性、結合、分離、かなた性、こなた性、慣性力を有する。

風の有ることは、触などから推論されるものである。すなわち、風が吹くときに感知される熱くもなく冷たくもない触、それは性質であり、その性質を有するものが無ければあり得ないものであるから、当然、その性質を有するものが有ることを推論せしめる。そして、その性質を有するものが風に他ならない。「風が吹くときに」という場合、地などは感知されていないからである。風と地以外のものに、熱くもなく冷たくもない触は無いからである。

また、風には、常住のものと無常のものとの別により、二種類ある。常住の風とは、原子のかたちを取ったものであり、無常の風とは、結果のかたちを取ったものに他ならない。

〔2-6〕

さて、地などの四種類の結果としての実体が、生じ、そして消滅する過程を語ることにする。原子が運動によって結合するとき、二原子体が生ずる。原子がその内属因であり、二つの原子の結合がその非内属因であり、見えない力を有するものなどがその動力因である。

見えない力を有するもの adṛṣṭa ＝善業・功徳 dharma や悪業・罪障 adharma

次に、三つの二原子体が運動によって結合するとき、三原子体が生ずる。二原子体がその内属因であり、あとは同じ。

同様にして、四つの三原子体から四原子体が生ずる。四原子体から、別のかなり粗大なものが、その粗大なものから、別のもっと粗大なものが生ずる。

結果としての実体に存する色などは、自身の内属因である実体に存する色などより生ずる。これは、「原因の性質は、結果の性質を新造する」という理によるのである。

このようにして生じた、色などを有する結果としての実体である水がめの部分である半片などに、揺さぶりあるいは打撃により運動が生ずる。

半片 kapāla〔大きな水がめを作るとき、半分の型に粘土を詰めて半片を作り、二つの半片を合わせ、棒で継ぎ目を叩いて接合する作業が行われる〕

揺さぶり nodana ←動詞語根 nud-〔揺さぶる、押し進める〕〔運動を起こすものと起こされるものとはしばらく結合している〕

打撃 abhighāta ←〔運動を起こすものと起こされるものとの結合は一瞬のことである〕

その運動により、分離が生じ、その分離により、全体を新造する水がめの非内属因の働きをしていた結合が消滅する。

次に、結果としての実体であり全体である水がめが消滅する。これにより、全体を新造する非内属因が消滅するとき、実体が消滅する。と、説明される。

ある場合には、内属因が消滅するときに実体が消滅する。例えば、これまで述べてきた地などが全破壊されるときには、全破壊しようとする大主宰神〔世界破壊神シヴァ〕に、全破壊しようとの欲求が生ずる。

次に、二原子体を新造する原子に運動が生じ、その運動によって分離が生じ、次に二つの原子の結合が消滅するとき、二原子体が消滅し、みずからの拠り所が消滅したことにより、三原子体などが消滅する。このような過程を経て地などが消滅する。例えば、糸が消滅すれば布が消滅するようなものである。あるものに存する色などは、そのあるものという拠り所が消滅することによって消滅する。例えば、熱によって、水がめの色などが消滅するようなものである。

＊

さて、では、原子が実際にあることを知る道具は何か。答えていわく、「この一条の太陽光の筋は、いかなるものよりも微細な塵であることが知られているが、その塵は、まこと、量ることができないほど小さな実体によって新造されたものである。結果としての実体であることのゆえに。水がめのように」と。そして、その実体は結果に他ならない。大なる実体（三原子体以上の大きさの実体）を新造するものは、結果（二原子体）であることに決まっているからである。（結果でない実体である原子の一つ一つがいきなり大なる実体を新造することはできない。）かくして、二原子体と呼ばれる実体が有ることが立証されたことになる。

「その二原子体と呼ばれる実体もまた、まこと、量ることのできないほど小さな内属因によって新造されたものである。二原子体は、結果としての実体であることのゆえに。水がめのように」と。

そして、二原子体を新造するもの、これこそが原子である。そして、原子は、何かによって新造されたものではまったくないものである。以上である。

〔問〕結果としての実体を新造するものが結果としての実体であることは決まっているのであるから、どうして原子は新造されたものではないのか。

〔答〕原子が新造されたものであるとすると、無限数の結果の連鎖を想定せざるを得なくなる過失に陥るからである。もしも貴君の考える通りならば、無限数の結果が新造されたものだということに変わりがないことになり、それでは、須弥山と芥子粒も、度量（大きさ）が同じだということになる。ゆえに、原子は新造されたものでは決してないのである。

これに対し、二原子体は二つの原子より新造される。一つの原子では、いかなる結果としての実体も新造することがないからであり、また、二原子体が新造されることについて、三つ以上の原子が必要だと想定しなければならないとする根拠は無いからである。

また、三原子体は、三つの二原子体により新造される。一つの二原子体では、いかなる結果としての実体も新造することが無いからである。

また、〔三つ以上の、と言ったが、それは、〕二つの二原子体より何らかの結果としての実体が新造されるとしても、それだけでは、結果としてのその実体が、大性という性質を有することがあり得ないことになるからである。というのも、結果としての実体が大であることは、原因としての実体が大であること、あるいは三つ以上であることによる。この場合、二原子体は大ではないから、前者ではあり得ず、後者であると考えなければならない。また、三原子体が新造されることについて、四つ以上の二原子体が必要であると想定しなければならないとする根拠は無い。三つの二原子体だけで大性は得られるからである。

〔2-7〕

音声を性質として有するものが虚空であり、音声、数、度量、別異性、結合、分離を有し、単一のものであり、遍在するものであり、常住のものであり、音声を論証上の目印としてその存在が推論されるものである。

虚空が存在することは音声を論証上の目印とするとはいかなることであるのか。

残余法のゆえにということである。

付随する条件を片端から否定したあとで、もはやこれ以外のものを想定するしかないことから、残された条件を正しいものだとすること、これが残余法である。

すなわち、まず、「音声は特殊な性質である。音声性という普遍を有し、かつ、我々のような普通の人間が持つ外的な唯一の感官によって捉えられるものだからである。色のように」というのが出発点となる。

また、性質は、性質を有するものを必ず拠り所とする。そして、この音声という性質を有するものは、地をはじめとする四つの実体や自己ではあり得ない。音声は、耳によって捉えられるものだからである。

というのも、地などの性質は、みな、耳によって捉えられるものではない。色などのように。ところが、音声は耳によって捉えられる。

また、音声は、空間、時間、意の性質ではない。他とは拠り所を同じくしない特殊な性質だからである。

ゆえに、それら想定されたもの以外のものが音声という性質を有するものだと考えなければならない。それが虚空である。以上である。

また、虚空は単一のものである。虚空どうしに違いがあるとする根拠は無いからであり、また、単一であるとして何の問題もないからである。

虚空は単一のものであるから、虚空性という普遍を有しない。普遍は多数のものにのみ存するものだからである。

また、虚空は遍在するものである。最大の度量を有するものだ、という意味である。あらゆるところに虚空の結果が覚知されるからである。

遍在するものであるからこそ、虚空は常住のものである。

＊

時間は、空間とはまったく逆のかなた性とこなた性によって、その存在が推論されるものである、数、度量、別異性、結合、分離を有するものであり、単一のものであり、常住のものであり、遍在するものである。

なぜ、時間は、空間とはまったく逆のかなた性とこなた性によって、その存在が推論されるものであるのか。

答えていわく。すぐ近くにいる老人には、空間的にすぐ近くにいるのであるから、こなた性があってしかるべきであるのに、それとはまったく逆のかなた性が認められ、遠くにいる若者は、空間的には遠くにいるのであるから、かなた性があってしかるべきであるのに、それとはまったく逆のこなた性が認められる。それぞれまったく逆のかなた性もこなた性も、いずれも何かの結果である。ところが、その原因なるものは、空間などではあり得ないから、そこから、時間が原因であることが推論される。

また、時間は単一のものであるが、現在のもの、過去のもの、未来のものという偶有的な条件ゆえに、現在時、過去時、未来時というかたちで表現される。あたかも、人は、料理をするなどの行為という偶有的な条件ゆえに、料理人とか織工とかなどと呼ばれるようなものである。

時間が常住のものであり、遍在するものである理由は、すでに述べてきたことに尽くされる。

*

空間は、時間とはまったく逆のかなた性とこなた性によってその存在が推論されるものであり、常住のものであり、遍在するものであり、数、度量、別異性、結合、分離という性質を有する。

空間は、「それは東にある」などの観念によって推論され得る。そうした観念は、空間以外のものによることはあり得ないからである。東に、あるいは西に位置する事物は、まさにその通りでしかないからである。

また、空間は単一のものであるが、太陽とそれぞれの場所との結びつきという偶有的な条件ゆえに、「東」などの呼称を持つのである。

＊

自己性という普遍との限定的な結びつきを有するものが自己である。それは、楽と苦が生類ごとに多様であるから、身体ごとに別々のものである。そのことはすでに言及済みである。

自己の、他の実体と共通する性質は、数などの五種類であり、その固有の性質は、知識などの九種類である。

自己が常住のものであること、遍在するものであることは、すでに述べたとおりである。

＊

意性という普遍との限定的な結びつきを有するものが意である。

意は、小であり、自己と結合するものであり、内的な感官であり、楽などの覚知の原因であり、常住のものであり、数など八種類の性質を有するものである。

外的な感官は、意と結合することによって対象を捉える。それによって、意はあらゆる覚知を成り立たせるのである。

意は、知覚されることはないが、推論によってその存在が立証される。すなわち、楽などの覚知は、眼などとは別の道具によって成立せしめられるのである。眼などを抜きにしても、楽などの覚知は現に生ずるからである。ある事象が、甲なるもの無くして生ずるならば、その事象は、甲なるものとは別の道具によって成立せしめられているのである。例えば、包丁が無いのに現に生じている料理という行為は、包丁とは別の、火などという道具によって成立せしめられているというようなことである。その道具が意であり、それは眼などとは別のものである。

意は、小の度量を有するものである。

以上で実体についての説明が終了した。

*

〔2−8〕

さて、これから、性質について解説がなされる。

性質は、性質性という普遍を有するものであり、非内属因であり、運動を有することなく、必ず実体を拠り所とするものであり、色、味、香、触、数、度量、別異性、結合、分離、かなた性、こなた性、重さ、流動性、粘着性、音声、知識、楽、苦、欲求、嫌悪、内的努力、功徳、罪障、潜在的形成力の別により、二十四種類ある。

＊

そのうち、色は、眼によって捉えられる特別な性質であり、地をはじめとする三種類の実体（地、水、火）に存する。

色には、白色（透明も含む）など多数の相がある。

熱より生ずる色は地に存する。また、地に限ってのことであるが、そこに存する色は無常である。水や火の原子に存する色は常住であり、結果としての実体に存する色は無常である。火に存する色は顕示的な白色であり、水に存する色は、熱より生ずるものではなく非顕示的な白色である。

＊

味は、舌によって捉えられる特別の性質であり、地と水に存する。

地に存する味は、甘味、酸味、塩味、辛味、渋味、苦味の別により六種類と、熱より生ずる味とである。水の味は甘味であり、熱より生ずるものではなく、常住のものと無常のものとがある。原子としての水に存する味は常住であり、結果としての水に存する味は無常である。

＊

香は、鼻によって捉えられる特別の性質であり、地にのみ存し、みな無常のものである。

香には、芳香と悪臭との二種類がある。

水などに香があるかに思えるのは、水などと結合した地に香が内属していることによる。

＊

触は、皮膚によってのみ捉えられる特別の性質であり、地をはじめとする四種類の実体（地、水、火、風）に存する。

触は、冷、熱、非冷非熱の別により三種類ある。水には冷の触があり、火には熱の触があり、地と風には非冷非熱の触がある。

地に存する触に限って無常である。水、火、風の原子に存する触は常住であり、水などより成る結果としての実体に存する触は無常である。

＊

以上、色をはじめとする四種類の性質は、大性も一緒に存する実体に存する場合にのみ、顕在的なものとして知覚される。

＊

数は、「～が一つある」などという言語表現の原因としての一般的な性質であり、数一から万載（京）まである。

そのうち、数一は、常住のものと無常のものとの別により二種類ある。常住の実体に存する数一は常住であり、無常の実体に存する数一は無常である。

数一は、みずからが拠り所とする内属因が一つであることから生ずる。

「数一は、数える前からある」ことを言い添えた方が理解しやすくなる。

数二は、無常のものばかりである。

数二は、二つある個物（例えばコイン）について、「コインが一枚ある」「コインが一枚ある」と捉える「待たれる知識（動力因としての知識）」より生ずる。その場合、二枚のコインが内属因であり、二枚のコインにある二つの数一が非内属因であり、待たれる知識が動力因である。待たれる知識が消滅すれば、そのまま、数二も消滅する。数三以上の数の発生も同様に考えるべきである。

待たれる知識 apekṣā-buddhi〔敷衍的に訳せば「それを待って数二が生ずるところの知識」。これを「二つの数一を待つ知識」と解釈するのは致命的な間違いである。

＊

度量は、「～はこれだけの量がある」という言語表現に固有の原因であり、大、小、長、短の四種類がある。

そのうち、結果としての実体に存する度量は、数・度量・集積より生ずる。

例えば、二原子体の小という度量は主宰神の「待たれる知識」より生ずる「原子が二つある」という数二より生ずるものであるから、数より生ずるものである。数を原因とするという意味である。

原子の数二は原子を一つ一つと数えなければ生じない。幸い、そうすることができる唯一の存在として主宰神がいらっしゃるのだ、という話である。

また、三原子体の度量は、みずからが拠り所とする〔三つの二原子体という〕内属因に存する多という数（複数、数三以上の数）より生ずる。四原子体以上の実体の大という度量は、みずからが拠り所とする内属因に存する大という度量より生ずる。綿の塊の長という度量は、みずからが拠り所とする内属因の諸部分の緩やかな結合より生ずる。原子の極小という度量と、虚空などに存する極大という度量とは、いずれも常住のものである。

＊

別異性は、「これはあれとは別のものである」という言語表現の固有の原因であり、一別異性と二別異性以上の別異性との二種類がある。そのうち、一別異性は、常住の実体に存するならば常住であり、無常の実体に存するならば無常である。二別異性以上の別異性は、みな無常である。

たくさんのコインのなかから一枚を選び出せば、「この選び出された一枚のコインは他のコインとは別のものである」ということになる。これがコインの一別異性である。また、二枚を選び出せば「この選び出された二枚のコインは他のコインとは別のものである」ということになる。これがコインの二別異性である。

＊

結合は、「これは～と結びついている」という言語表現の原因である性質であり、二つの実体を拠り所とするものであり、その拠り所に遍満することなく存するものである。

結合には、一方の運動より生ずる結合、両方の運動より生ずる結合、結合より生ずる結合、以上の三種類がある。

そのうち、一方の運動より生ずる結合とは、例えば、運動を有する鷹と運動を有しない杭との結合がそれである。この場合、鷹の運動がその非内属因である。

両方の運動より生ずる結合とは、例えば、運動を有する二人の力士どうしの結合がそれである。

結合より生ずる結合とは、原因と原因でないものとの結合より、結果と結果でないものとの結合が生ずる。例えば、手と樹木との結合より、身体と樹木との結合が生ずるのがそれに当たる。

＊

分離は、「これは〜と分離している」という言語表現の原因であり、結合のあとに生じて二つの実体を拠り所とするものである。

分離には、一方の運動より生ずる分離、両方の運動より生ずる分離、分離より生ずる分離の三種類がある。

一方の運動より生ずる運動とは、例えば、鷹の運動による鷹と岩との分離がそれに当たる。

両方の運動より生ずる分離とは、例えば、組み合っていた二人の力士の分離がそれに当たる。

分離より生ずる分離とは、例えば、手と杭との分離より生ずる身体と杭との分離がそれに当たる。

＊

「数二と、熱より生ずるものの発生と、分離より生ずる分離とについて揺るぎない知識を持つ人、その人こそ（ヴァイ）がヴァイシェーシカ学徒であると人々は知るのである。」

十四世紀の不二一元論学派のマーダヴァが著した『サルヴァダルシャナ・サングラハ』（全哲学綱要）で紹介されるヴァイシェーシカ哲学説にも、この二行詩が引用されている。

＊

かなた性とこなた性は、「それはかなたに在る」「それはこなたに在る」という言語表現の固有の原因である。

かなた性とこなた性とには、空間的なものと時間的なものとの二種類がある。

そのうち、まず、空間的なかなた性・こなた性が説明される。

一方向に置かれている二つの個物のうち、「これはそれよりも近くにある」という知識に支えられた空間と個物との結合によって、近くにある個物にこなた性が生じ、「それはこれよりも遠くにある」という知識によって、遠くの個物にかなた性が生ずる。

「近い」というのは、見る人の身体を基準にして、個物が直線上のある単位距離と結合する回数がより少ないということであり、それがより多いということが、遠いということである。

また、時間的なかなた性・こなた性の発生についてであるが、どの地点にいるかとは関係なく、並んでいる若者と老人との二人のうち、「この人はあの人よりも少ない単位時間と結合している」との知識に支えられた、時間と人との結合を内属因として、若者にこなた性が生ずる。「あの人はこの人よりも多くの単位時間と結合している」という知識によって、老人にかなた性が生ずる。

重さは、最初の落下運動の非内属因であり、地と水に存することは、すでに言及したとおりである。結合・慣性力・内的努力が無いとき、重さゆえに落下運動が始まる。

＊

流動性は、最初の流出運動の非内属因であり、地と水と火とに存する。酪などと火との結合で生ずる地の流動性と、金と火との結合で生ずる火の流動性は、原因があってのものであり、水の流動性は本然的なものである。

＊

粘着性は、べたべたしているということであり、水のみに存し、重さと同様に、原因の性質に基づくもので、実体のある限りあり続ける。

＊

音声は、耳によって捉えられるもので、虚空に固有の性質である。

〔問〕では、どのようにして音声は耳によって捉えられるのか。なぜなら、音声は太鼓などがある場所にあり、耳は人のいる場所にあるからである。

〔答〕確かにそうである。

しかし、太鼓のある場所に生じた音声は、広がる波紋の理により、あるいはカダンバ（学名Nauclea Cadambaという樹木）の開いていくつぼみの理により、すぐ近くに次の音声を新造する。そうして新造された音声が、また次の音声を新造する、という過程を経て、耳がある場所に生じた最後の音声が耳によって捉えられるのである。最初の音声でも途中の音声でもない音声が、である。

同様に、竹が裂かれるとき、二つの半片が分離する場所に生じた音声が、次々と別の音声を新造するという過程を経て、耳がある場所に最後の音声を生ずる。その最後の音声が耳によって捉えられるのである。最初の音声でも途中の音声でもない音声が、である。

よって、「太鼓の音を私は聞いた」というのは、まったくの思い違いでしかないのである。

太鼓の音声が生ずるに当たって、太鼓と虚空との結合がその非内属因であり、太鼓と撥との結合がその動力因である。同様に、竹を裂くときにパリーンという音声が生ずるに当たっては、竹の半片と虚空との分離がその非内属因であり、二つの竹の半片の分離がその動力因である。

このように、最初の音声は、結合から生ずるか、あるいは分離から生ずるかである。最後と途中の音声は、音声を非内属因とし、順風を動力因とするものである（向かい風では音声は広がらない、ということである）。「結合から、分離から、また音声から、音声は生ずるから」（『ヴァイシェーシカ・スートラ』二・二・三六）と説かれている通りである。最初から最後にまで至るすべての音声について、虚空が、そのただ一つの内属因である。

音声は、運動や知識と同じく、三刹那だけ継続するものである。そのうち、最初と途中の音声は、結果としての音声によって消滅させられ、互いに殺し合った阿修羅の兄弟スンダとウパスンダの理により、最後の音声はその直前の音声によって、その直前の音声は最後の音声によって消滅させられる。

スンダとウパスンダは、「互いに」殺し合うときには、ともに生きているのである。スンダとウパスンダは一瞬たりとも共存し得ないという意味での相容れない関係にはない。

とは言え、この理屈は正しくない。最後の音声の直前の音声は、三刹那のうち、最後の音声についてはその二番目の刹那にのみ重なりあうのであり、最後の音声の三番目の刹那には存在しない以上、そのような存在しない直前の音声によって最後の音声が消滅することはあり得ないからである。したがって、最後の音声は、その直前の音声が消滅することによって消滅するのである。以上である。

音声が消滅するものであることは、推論によって知られる。すなわち、「音声は無常のものである。音声性という普遍を有するものであり、かつ、我々など普通の人間が有する外的な感官によって捉えられることのゆえに。水がめのように」という風に。

「音声が無常であること」が論証されるべきことがらである。無常であるとは、消滅なるものによって局限された本性を有するということであって、消滅なるものによって局限された有性と結びついているということではない。有性を欠くはずの先行無が、無常ではないことになってしまうからである。

「普遍を有するものであり、かつ、我々などが有する外的な感官によって捉えられること」というのが理由である。

ただ「感官によって捉えられることのゆえに」と言ったのでは、内的な感官である意によって捉えられる自己をも誤って指すことになるであろう。そこで、「外的な感官によって」と言ったのである。

それでもなお、それだけでは、ヨーガ行者が持つ外的な感官によって捉えられる原子などを誤って指すことになりかねない。そこで、ヨーガ行者を排するために、「我々など普通の人間が有する」と言ったのである。

それでは、我々とは違う能力を有するヨーガ行者がいることの証拠は何かと言われれば、答えよう。「原子は、ある人には知覚されるものである。真知の対象であることのゆえに。水がめのように」と。

それでもなお、普遍をはじめとする三種類のカテゴリー（普遍、特殊、内属）への拡大適用があり得る。そこで、「普遍を有するものであり」と言ったのである。普遍を始めとする三種類のカテゴリーは、普遍を有しないからである。

＊

対象を照らすものが知識であり、常住のものと無常のものとがある。主宰神の知識は常住のものであり、その他の者たちの知識は無常である。

＊

喜悦が楽である。それは、すべての自己にすんなりと受け容れられるものである。

＊

苦痛が苦である。それは、すべての自己にとてもすんなりとは受け容れられないものである。

＊

貪欲が欲求である。

＊

憤怒《ふんぬ》が嫌悪である。

＊

奮励が内的努力である。

＊

知識をはじめとする七種類の性質は、意によって知覚されるものである。

＊

功徳は楽の固有の原因であり、罪障は苦の固有の原因である。

功徳と罪障は知覚されないものであるが、伝承によって知られたり、推論によって知られたりするものである。

すなわち、「デーヴァダッタ（人名）の身体などは、デーヴァダッタに固有の性質より生ずるものである。デーヴァダッタの身体は、結果としての実体であり、かつ、デーヴァダッタが果報を享受する原因（拠り所）であることのゆえに。あたかも、デーヴァダッタの内的努力より生ずるものであるかのように」という風に。およそ、身体などを生ずる、自己に固有の性質、それこそが功徳と罪障である。内的努力が身体などを生ずることはないからである。

＊

「これが潜在的形成力である」という言語表現の固有の原因が潜在的形成力である。

潜在的形成力には、慣性力、記憶力、弾力の三種類がある。

そのうち、慣性力は、地をはじめとする四種類の実体（地、水、火、風）に存し、運動の原因である。

記憶力と呼ばれる潜在的形成力は、自己にのみ存し、経験知より生ずるものであり、想起の原因であり、記憶が甦った人にのみ想起を生ずる。記憶が甦ったとは、想起を補助する条件を獲得しているということである。想起を補助する条件とは、記憶と似ているものを目撃することなどである。「記憶と似ているかどうかと思案することなどが、想起の種子を甦らせるのである」と言われている通りである。

弾力は、触を有する特別の実体に存する。

弾力は、弓など、弾力の拠り所が本来ではない状態になっているとき、その拠り所をまたもとの状態に戻すものである。

以上の知識から罪障までの性質と記憶か力とは、自己に固有の性質である。

以上で、性質の説明は終了した。

＊

〔2−9〕

次に、運動が解説される。

運動は、動くことに他ならず、性質と同様に、実体にのみ存する。運動は、「中身が詰まっている」とも呼ばれる遍在しない実体の度量と拠り所を同じくするものであり、分離のためにそれまでの結合が消滅するとき、後の場所と結合するさいの原因である。

運動には、上昇、下降、収縮、伸長、移動の五種類がある。徘徊などは、ものの移動を捉えることではじめて、徘徊などであると捉えられる。

〔2−10〕

「これをも包摂している」という観念の原因が普遍であり、実体をはじめとする三種類のカテゴリー（実体、性質、運動）に存し、常住のものであり、単一のものであり、多くのものに等しく存するものである。

また、普遍には、高次のものと低次のものとの二種類がある。高次の普遍は有性である。多くのものを領域とするものだからである。この有性は、「これをも包摂している」という観念のみの原因であるから、普遍のみのものである。低次の普遍とは、実体性などである。少しのものだけを領域とするものだからである。低次の普遍は排除の原因でもあるから、普遍かつ特殊である。

「普遍かつ特殊」は、『ヴァイシェーシカ・スートラ』と『勝宗十句義論』では、独立のカテゴリーとされる。

〈仏教論理学派の見解〉個物とは別に、普遍があることはない。

〈我々の見解〉それならばお聞きしたいが、さまざまに異なり、見かけが違う多くの個物に対して一つの様相を持つ知識が生ずるが、その多くの個物を包摂する一つのものが無いならば、その知識は何を対象としていることになるのか。その知識が対象とする者こそが普遍である。

〈仏教論理学派の見解〉それならば、甲なるものについての、甲ならざるものがすべて排除されたという意味での一つの様相を持つ知識がある、でよいではないか。

すなわち、すべての牛の個物には、馬など、牛ならざるものが排除されているということがあり、それによって、牛ならざるものが排除されていることを対象とする知識が生ずるが、それこそが、この、多くの個物についての一つの様相を持つ知識なのであって、肯定概念としての普遍を対象とするものなのではない。

〔我々の見解〕とんでもない。肯定的な様相でしか、その一つの様相は現れないからである。

角があって喉に垂肉がありという個物を見る場合、知識は「これは牛である」という肯定的なものでしかあり得ない。その個物を見て、「これは、牛ならざる馬などではない」と、否定的な様相で知識（判断）が現れることは、常識的にあり得ない。ということである。

〔2–11〕

特殊は、常住のものであり、常住の実体に存し、排除のみの知識の原因である。常住の実体とは、虚空をはじめとする五種類の実体（虚空、時間、空間、自己、意）、および、原子のかたちを取った地をはじめとする四種類の実体（地、水、火、風）のことである。

〔2–12〕

不可分離の二つのものの間の関係が内属であるが、それについては、すでに解説済みである。〔仏教論理学派の問〕「部分と全体も不可分離のものであり、それゆえ、その二つのものの関係は内属である」と貴君たちは仰ったが、それは正しくない。部分とは別のものである全体なるものは無いからである。しかるべき様態に密集した多くの原子が、「これは水がめである」「これは水がめである」というかたちで捉えられるのである。

〔答〕「粗大な一つの水がめが有る」と我々は明瞭に認識しているのである。そのような認識が、粗大ではなく感官を超越している多数の原子を対象とするようなことはまったくあり得ない。

そのような認識は迷妄であると言うならば、迷妄では断じてないと答えよう。その認識を否定するものが無いからである。

＊

以上、実体をはじめとする六種類のカテゴリーが語られた。これらは肯定的な概念によって捉えられるものであるから、「有」というかたちを取るものばかりである。

〔2-13〕

これから、否定的な真知の道具によって捉えられる、「無」というかたちの第七のカテゴリーが説明される。

無は、二種類に大別される。関係無と相互無とである。

関係無には、先行無、破壊無、絶対無の三種類がある。

生ずる以前には、原因には結果が無いこと、それが先行無である。例えば、糸には布の先行無がある。先行無ははじまりの無いものである。結果が生ずることが無いということだからである。そして、先行無は消滅するものである。そもそも、結果というものは、先行無の消滅というかたちを取るものだからである。

生じた結果の、原因における無が破壊無である。破壊とは、消滅するというほどの意味である。例えば、水がめが割れたとき、その破片には水がめの無がある。それは、棍棒を振り回すことなどで生ずる。破壊無は、生ずるものであるが、消滅するものではない。消滅した水がめがまた生ずることはないからである。

過去時、未来時、現在時の三つの時間領域にわたる無が絶対無である。例えば、風における色の無がそれに当たる。

相互無は、同一であることを対蹠者とする無のことである。「水がめは布では無い」というのがそれに当たる。

無の分類については問題がありすぎる。これについては本書十一ページの訳注を是非とも参照されたい。

以上で、「対象」の説明が終了した。

〔2－14〕

〔唯名論者の見解〕知識やことばとは別のものとして対象が有ることはない。

知識やことばとは別に対象があるとするのが実在論である。

〔答〕対象は、みな、知覚などによってそれが有ることが確定されているのであり、そのことを否定し去ることは不可能だからである。

「ブッディ buddhi」「ウパラブディ upalabdhi」「ジュニャーナ jñāna」「プラティヤヤ pratyaya」というさまざまな同義語によって言語表現されるもの、それが知識である。あるいは、知識とは、対象を照らすもののことである。

知識には、大別して二種類がある。経験知と想起とである。

経験知にも、如実のものと如実ではないものとの二種類がある。

そのうち、如実の経験知とは、対象に正しく対応する経験知のことである。そして、それは、知覚などの真知の道具によって生み出される。例えば、欠陥のない眼などによる水がめなどの知識、煙を論証上の目印とする推論による火の知識、牛と類似しているものを見ることによる、「それが『ガヴァヤ』という語が指すものである」との知識、「天界を欲する者は、ジヨーティシュトーマ祭を執行すべし」などという文章による、ジヨーティシュトーマ祭りが天界をもたらすものであるとの知識がそれに当たる。

如実ではない経験知とは、対象を正しく示さないものであり、真知ならざるものより生ずるものである。

それには、疑惑、仮言命題を用いる考察、誤認の三種類がある。疑惑と仮言命題を用いる考察とについては、後述する。

誤認とは、甲でないものを甲だと捉えることである。取り違え、といった意味である。例えば、目の前にある銀ならざる真珠貝などに銀を上重ねして、「これは銀である」とする知識がそれに当たる。

想起にも、如実なものと如実ではないものとの二種類がある。目が覚めているときには、その両方があり、夢を見ているときには、すべての想起は如実ではないものばかりである。認識条件に欠陥があるために、「あれ」が「これ」になってしまうからである。

以前に認識したものは、今の時点では「あれ」と呼ばれるが、夢のなかでは、まるで今のことのように「これ」と呼ばれるものになってしまう、ということである。

すべての知識は無形相のものばかりであって、知識のなかに、対象の姿かたちが生ずるということはない。まさにこのゆえに、形相（姿かたち）によって対象が推論されるという想定も排斥されたことになる。水がめなどは、推論を介することなく、じかに明瞭にそれと認知されるからである。すべての知識は、対象のありようが描き込まれているのである。特定の対象に密着した知識が、対象のありようを描き出すからである。「私は水がめの知識を有する」という知識のみが得られるのであって、「私は知識を有する」というだけの知識が得られることはないのである。

不二一元論ヴェーダーンタ学派は、すべての知識は対象の形相を取るとする。

〔2–15〕
意が内的な感官であることは、すでに述べたところである。

〔2–16〕
行動とは、功徳と罪障とより成る、供儀《くぎ》などの行為である。行動は、世界の日常生活を成り立たせるものだからである。

〔2–17〕
欠陥とは、貪欲、瞋恚《しんい》、迷妄のことである。

貪欲とは欲求のことであり、瞋恚《しんい》とは憤怒のことである。これは「怒り」というほどの意味である。迷妄は、間違った知識のことである。これは、誤認というほどの意味である。

〔2‐18〕

死んでまた生まれ変わることが転生である。それは、自己が、死んでそれまでの身体にあることをやめ、死後、新たな身体と出会うことである。

〔2‐19〕

果報とは、享受すること、つまり、楽か苦のいずれかを実感することである。

〔2‐20〕

苦痛とは、苦のことである。これについてはすでに述べたところである。

〔2‐21〕

解脱が、輪廻の世界からの最終的な脱却である。

それは、二十一種類ある苦が完全になくなることである。二十一種類あるというのは、身体・六つの感官・六つの対象・六つの知識・楽・苦というように、多岐にわたる区別があることによる。

楽は、じつは苦に他ならない。苦と密着しているものだからである。密着しているとは、離れられないということである。そこで、「蜜に毒が混ざっていれば、蜜も毒の部類となる、そのようなものである」と、世の諺に言われるのである。

〔問〕では、輪廻の世界からの最終的な脱却は、どのようにして達成されるのか。

〔答〕それを目指す人は、まず、学的考究を通じてすべてのカテゴリーの真実の在り方を正確に理解する。

次に、感官の対象には、輪廻の世界からの最終的な脱却に到ることを妨げるよからぬものが伴うことを観察することで、ついに、欲望を離れ、解脱《げだつ》を希求するようになる。

次に、それゆえ煩悩が無くなることで、欲望にはよらない行いを為すことで、このあと起こり得る未来の功徳と罪障を回避することになる。

次に、過去に積んできた功徳と罪障をすべて享受し尽くして行こうとする。

すると、その結果、過去に積んだ功徳と罪障が尽きてしまうので、今生《こんじょう》の身体を離れたとき、その人には、これまでの身体が消えてなくなるので、身体などの二十一種類の苦と完全に縁が切れることになる。そうした苦をもたらす原因がもはや無いからである。

その、二十一種類の苦がなくなること、それが解脱であり、それが「輪廻の世界からの最終的な脱却」と言われるのである。

〔3　疑惑〕

一つのものに、相容れない複数の認識対象を思い浮かべることが疑惑である。それには、認識対象に特有の相を見ないときに、共通の属性を見ることより生ずる疑惑と、異なる見解から生ずる疑惑と、共通しない属性より生ずる疑惑との三種類がある。

そのうち、最初のものは、認識対象に特有の相を見ないときに、共通の属性を見ることより生ずる疑惑である。例えば、「あれは杭であろうか、人であろうか」という疑惑がそれに当たる。というのは、目の前にあるただ一つの実体に、湾曲しているとか空洞があるとかという、それが杭であることを決定づける特徴と、頭とか手とかの、それが人であることを決定づける特徴を見ている人が、直立していることなど、杭と人とに共通する属性を見て、「あれは杭であろうか、それとも人であろうか」との疑惑を抱くことになる。

第二の疑惑は、認識対象に特有の相を見ないときに、異なる見解から生ずる疑惑である。例えば、「音声は、常住のものであろうか、それとも無常のものであろうか」という疑惑がそれに当たる。すなわち、ある人は「音声は常住のものである」と主張し、別の人は「音声は無常のものである」と主張する場合、その二つの異なる見解の狭間に立つ人が、認識対象に特有の相を見ないならば、「音声は常住のものであろうか、それとも無常のものであろうか」という疑惑を抱く。

第三の疑惑は、共通しない属性より生ずる疑惑である。例えば、常住のものでも無常のものでもない「香を有すること」だけでもって、認識対象に特有の相を見ない人には、「地は常住のものであろうか、それとも無常のものであろうか」という疑惑が生ずる。すなわち、「すべての常住のものから排除されている「香を有すること」と結びついているから、地は無常のものであろうか、それとも、すべての無常のものから排除されている同じ「香を有すること」と結びついているから、「地は常住のものであろうか」という疑惑が生ずるのである。

〔4　動機〕

それによって促されて人が行動するゆえんのもの、それが動機である。それは、楽を取り、苦を捨てることである。すべてのまともな人は、そのために行動するということである。

〔5　実例〕

相対する両論者が、ともに認めることにできることがらが実例である。

それには二種類がある。一つは、同質の実例である。例えば、煙を有することという理由の同質の実例がかまどである。もう一つは、異質の実例である。例えば、それと同じ理由の異質の実例が湖である。

〔6　定説〕

真知の道具に基づくものとして承認されている見解が定説である。

それには、すべての学派の教典で承認されている定説、学派ごとの教典で承認されている定説、基本的な定説、承認するのにやぶさかではないという扱いを受ける定説の別により、四種類がある。

そのうち、すべての学派の教典で承認されている定説とは、例えば、「少なくとも、属性を有するものに限っては、それは確かに有る」というようなものである。

第二の、学派ごとの教典で承認されている定説とは、例えば、ニヤーヤ学説の「意は感官である」というようなものである。このことは、同類の学派であるヴァイシェーシカ学派の学説でも承認されている。

第三の、基本的な定説とは、例えば、「大地などを創造する者を確定するさい、創造するものは全智者でなければならない」というようなものである。

第四の、承認するのにやぶさかではないという扱いを受ける定説とは、例えば、ミーマーンサー学派が、音声は常住のものか否かを考察するさい、「とりあえず、音声は性質であるとしてかまわない」とするようなものである。

〔7　推論式の肢分〕

推論式を構成する一々の文章が肢分である。それらは、主張をはじめとして五つある。そこで、『ニヤーヤ・スートラ』（一・一・三二）では、「主張、理由、喩例、適用、結論が、推論式の肢分である」と説かれている。

そのうち、論証されるべき属性によってその主語が限定されたものであることを示す文章が、主張である。例えば、「かの山は火を有するものである」というように。

名詞組織のサンスクリット語文法上の第三格（具格「をもって」）か第五格（奪格「から」）のかたちを取って、論証上の目印を示す文章が、理由である。例えば、「煙を有することをもって」、あるいは「煙を有することから」というように。

論証の内容となる遍満関係と同じものを有する実例を示す文章が、喩例である。例えば、「およそ、煙を有するものは火を有するものである。かまどのように」というように。

主張の主語にも論証上の目印があることを示す文章が、適用である。例えば、「かのものもそうである」というように。

主張の主語にも論証されるべきものがあることを示す文章が、結論である。例えば、「ゆえに火を有するものである」とか、「ゆえにそうである」というように。

これら主張をはじめとする五つのものは、あたかも手足が身体の肢分であるかのようなので、便宜的に「肢分」と呼ばれているだけなのであって、論証式の内属因だというのではない。ことばは虚空に内属するものだからである。

る。

〔8　仮言命題を用いる考察（tarka、タルカ）〕

仮言命題を用いる考察は、わざと望ましくない結論を導き出すもの（帰謬法）である。そしてそれは、遍満関係が確かめられている二つの属性のうち、遍満されるものを認めることによって、わざと望ましくない結論を導き出すというかたちを取る。例えば、「もしもここに水がめが有るならば、床が見えるのと同様に、水がめも見えるであろう」というのがそれに当たる。

また、この、仮言命題を用いる考察は、諸々の真知の道具を補強するものである。すなわち、「かの山は、火を有するものであろうか、それとも火を有しないものなのであろうか」と疑惑を抱いたすぐあとに、もしも、誰かが、「かの山は火を有しないものである」と考えるならば、その人に、「もしもかの山が火を有しないものであったならば、なにしろかの山は火を有しないものなのであるから、煙も無いことになる」というようにして、かの山が煙を有しないものであるという、望ましくない結論がわざと導き出される。その、望ましくない結論をわざと導き出すものが、仮言命題を用いる考察なのである。そして、この考察は、推論の対象を明瞭にするものであり、現に目の前に展開されている「煙を有するものであること」を論証上の目印とする推論の対象である火を、人は改めて認識するのである。かの山が火を有しないとすることが論駁されるからである。ゆえに、この仮言命題を用いる考察は、推論を補強するものであることになる。
ここである人が、「仮言命題を用いる考察は、ほかならぬ疑惑に含められるものである」と言うならば、それは違う。疑惑の場合は二択であるが、この場合は、二択ではなく、一択だけで対象が確定されるからである。

〔9　決定〕

決定とは、確定知のことである。それは、諸々の真知の道具の成果である。

〔10　議論（vāda、ヴァーダ）〕

ものごとの真相を知ろうとする二人の論客のあいだで交わされる対論、それが議論である。そして、それは、八種類の「勝敗の決着がつく場合」である。不足の場合、過剰の場合、定説を投げてしまっている場合、五つの似非理由がある場合、以上の八つが、「言い負かして決着がつく状況」である。

〔11　勝ちさえすれば良いという喧嘩論法（jalpa、ジャルパ）〕

問題の二面性を狡猾に使い分け、何としても勝ちたい論客の汚い議論が喧嘩論法である。そして、それは、いかんせん、議論の決着がつくあらゆる場合の根拠ではあり得るのである。それは、論敵の主張が綻びを見せたとき、それを、自分の主張が正しい証拠だと押しまくるやり方を狙うものである。

〔12　揚げ足取り論法（vitaṇḍā、ヴィタンダー）〕

自分の主張を立てない議論が、揚げ足取り論法である。この論法は、論敵の主張を綻びに陥れることだけを狙うものである。この揚げ足取り論法を用いる論客には、立てるべき主張が無いのである。

それに対して、まっとうな議論というのは、まっとうな主張を掲げる論客たちが、互いに批判と反批判を展開する文章が数多く混ざり合ったもののことを言う。

〔13　似非理由〕

推論式のうち、主張の主語の属性であることなどという諸々のかたちが述べられるなかで、一つでもかたちが欠けるために理由にならないのに、少しばかり理由のかたちがあることから、あたかも正しい理由であるかのように見える理由、それが似非理由である。

それには、成立していない理由、相容れない理由、一つところに定まらない理由、別の主張を同じように論証してしまう理由、時間遅れの理由の別により、五種類がある。

*

このうち、ウダヤナ（西暦紀元後十世紀のニヤーヤ学派の論客）は、「火に遍満されている煙なる理由が主張の主語の属性であると理解されることが、理由が成立しているということであり、その無が、理由が成立していないことである」と、「理由が成立していないこと」の定義を述べている。

しかし、この定義は、相容れない理由などについても言えることであるから、ここに、該当する理由どうしの混淆の過失が認められるのではとの疑義が、もしも提示されたとしても、その、該当する理由どうしの混淆は起こらない、と、我々は答えよう。

どういうことかと言えば、要素Aが、ある理由の前面に現れ、かつ、その要素Aのために理由に欠陥があると認識せしめるに十分足るものであるとき、その要素Aこそが、理由に欠陥があると認識せしめるもの、つまり、理由に欠陥をあらしめるものに他ならない、ということである。

まさにその前面に現れている要素Aによって、理由に欠陥があると認識せしめられたとき、議論は終了となるのであり、要素Aだけが問題となるのだからである。

＊

論証されるべきもの（火）とは正反対のものに理由（煙）が遍満されることという「相容れないこと」が理由にあり、それが欠陥を有するものであると認識せしめるとき、その理由が、相容れない理由である。

また、理由に、「一つところに定まらないこと」などがあるならば、そうした理由は、「一つところに定まらない理由」をはじめとする三種類の似非理由である。

また、遍満関係と「主張の主語の属性であること」とによって限定されている理由に、欠陥がなきにしもあらずとなれば、上述の「成立していないこと」などが、理由に欠陥ありと認識せしめるもの、ないし、その理由に欠陥を有らしめているものである。そのような理由が、「成立していない理由」である。

＊

「成立していない理由」には、「拠り所が成立していない理由」、「そのもの自体が成立していない理由」、「遍満されていることが成立していない理由」の三種類がある。

＊

理由の拠り所が知られることがない、というような理由が、「拠り所が成立していない理由」である。例えば、「空中の蓮華は香りがよい。蓮華であることのゆえに。水に生える蓮華のように」というようなものである。この場合、空中の蓮華なるものはまったく存在しない（ある種の眼病ゆえに見えるだけのものである）からである。

次のようなものも、拠り所が性質していない理由である。すなわち、「水がめは無常のものである。結果であることのゆえに。布のように」というようなものである。

〔問〕この場合、理由の拠り所である水がめなどは有るのだから、「結果であること」という理由は、「拠り所が成り立っていない理由」ではなく、成立しているものを成立させるものだと言うべきであろう。この場合の理由は、成立しているものである「水がめが無常のものであること」を成立させるものだからである。

〔答〕そうではない。というのも、いかなるものも、ただそれ自体だけで推論の拠り所になるのではなく、疑わしい属性をそれが有しているから推論の拠り所となるからである。

そこで、ヴァーツヤーヤナの『ニヤーヤ・バーシヤ』には、「知られていないものに対しても、確定されていないものに対しても、論証は起動しない。論証が起動するのは、疑われているものに対してである」（一・一・一）と説かれるのである。

また、水がめが無常のものであることは、疑う余地がない。水がめが無常のものであることは、すでに確定されていることだからである。ゆえに、水がめはそれ自体として存在するけれども、無常のものであることに疑いがなければ、水がめが、無常のものであることの拠り所ではない。ゆえに、拠り所が成立していないのであるから、「無常のものであること」は理由ならざるものである。

＊

「それ自体が成立してない理由」とは、当該の理由が、その拠り所であるはずのものにまったく認められない、というようなことである。例えば、「普遍は無常のものである。作られたものであることのゆえに」というのがそれに当たる。「作られたものであること」という理由は、拠り所である普遍にまったく存在しない。

「部分が成立していない理由」も、「それ自体が成立していない理由」である。例えば、「地をはじめとする四種類の実体は、原子としては常住のものである。香を有することのゆえに」というのがそれに当たる。「香を有すること」は、主張の主語として立てられているすべてのものに有るのではない。「香を有すること」は、地にのみ存するものだからである。

また、「限定するものが成立していない理由」、「限定されるものが成立していない理由」、「有効性が無いという意味で限定するものが成立していない理由」も、「それ自体が成立していない理由」である。

そのうち、「限定するものが成立していない理由」とは、例えば、「音声は常住のものである。実体であるという限定のもと、触れられないものであることのゆえに」というのがそれに当たる。というのは、この場合、「実体であること」によって限定された「触れられないものであること」が理由であり、ただ「触れられないものであること」だけが理由ではないからである。そして、音声には、「実体であること」という限定するものが無い。音声は性質だからである。ゆえに、「限定するものが成立していない理由」となる。「実体であること」という限定するものが無い以上、それによって限定された「触れられないものであること」は無いのである。

例えば、杖だけが無い場合、あるいは、杖を持つ人が無い場合、杖によって限定された人は無い。ゆえに、「触れられないものであること」が有っても、「実体であること」によって限定された理由は無いのであるから、その理由は、「それ自体が成立していない理由」である。「限定されるものが成立していない理由」とは、例えば、「音声は常住のものである。触れられないものであるという限定のもと、実体であることのゆえに」というのがそれに当たる。ここでも限定されたものが理由である。限定されるものが無いならば、限定されているものとしてのそれ自体は無い。そして、音声は実体ではないのであるから、「実体であること」によって限定されている理由はまったく無いのである。

「有効性が無いという意味で限定するものが成立していない理由」とは、例えば、「音声は常住のものである。性質であるという限定のもと、原因を有しないものであることのゆえに」というのがそれに当たる。というのは、この場合、限定するものである「性質であること」には、何の有効性も無いからである。限定されるものが原因を有しないものであることこそ、音声が常住であることの論証に有効だからである。ゆえに、限定するものが有効でない、ということになる。この場合の理由が、「それ自体が成立していない理由」であるのは、限定するものが無ければ、限定されたものも無いからである。

〔問〕限定するものである「性質であること」は、音声に確かに有る。であるのに、どうして「限定するものが無ければ」と言うのか。

〔答〕確かに、「性質を有すること」は有る。しかし、それは、限定するものではない。というのも、余事を切り捨てて用いられるものだけが、理由を限定するものとなるからである。ところが、「性質を有すること」は、余事をもって替え難いとして用いられるものではない。ゆえに、有効性が無いものであると言われるのである。

「有効性が無いという意味で限定されるものが成立していない理由」とは、その逆のものである。すなわち、「音声は常住のものである。原因を有しないものであるという限定のもと、性質であることのゆえに」というのがそれに当たる。この場合、「原因を有しないものであること」という限定するものだけが、音声が常住であることを論証するのに有効に機能するのであるから、「性質であること」という限定されるものは有効性が無いのである。この理由が「それ自体が成立していない理由」だというのは、限定するものが無いならば、限定されるものも無いからであり、また、限定されているものこそが、理由として採用されているからである。あとはこれまでと同じ話である。

「遍満されていることが成立していない理由」とは、論証されるべきものと理由との遍満関係が、その理由に認められないという場合のものである。

それには二種類ある。一つは、理由が、論証されるべきものに同伴しないものであることによるものであり、もう一つは、理由が、偶有的な条件を伴う論証されるべきものと関係しているものである。

そのうち、第一のものは、例えば、「およそ、有るものは刹那滅のものである。雲のように。問題の対象になっている音声なども、有るものである」というのがそれに当たる。すなわち、音声などが主張の主語であり、それが刹那滅のものであることが論証されるべきものであり、「有ること」が理由である。しかし、この理由が、音声が刹那滅のものであることと遍満関係にあることを示す論拠は無い。

次には、第二のものとして、偶有的な条件を伴う「理由が遍満されるものであること」が成立していないことが示される。

例えば、「かの人は色黒である。マイトリーの息子であることのゆえに。見渡される範囲にいるマイトリーの息子たちのように」というのがそれに当たる。

この場合、マイトリーの息子であることによって、かの人が色黒であることが論証されるのであるが、「マイトリーの息子であること」は、かの人が色黒であることを必要とせず、むしろ、菜食主義こそが、かの人が色黒であることを必要とするのである。「必要とするもの」が偶有的な条件であると言われる。ゆえに、「マイトリーの息子であること」と、「かの人が色黒であること」との関係について、菜食主義こそが偶有的な条件である。

別の例で言えば、火と煙との関係について、湿った薪との結合が、火無くして煙が立つこと(ただくすぶっているだけのこと)の偶有的な条件である。

それゆえ、偶有的な条件と結びついているのであるから、理由と論証されるべきものとの遍満関係は存在しない。ゆえに、この、「マイトリーの息子であること」という理由は、「遍満されることが成立していない理由」である。

また、次のような「遍満されるものが成立していない理由」がある。例えば、「意志の内よりする殺意は、罪障をもたらすものである。殺意であることのゆえに。意志とは無関係の殺意のように」というのがそれに当たる。

つまり、「殺意であること」が罪障を招くものではなく、「ヴェーダ聖典の規定によって禁ぜられていること」という偶有的な条件が罪障を招くものなのである。であるから、従前から偶有的な条件が有ることにより、「殺意であること」というこの理由は、論証されるべきものによって「遍満されるものであることが成立していない理由」である。

〔問〕「論証されるべきものを遍満するものであり、かつ、論証するものである理由を遍満するもの、それが偶有的な条件である」というのが、偶有的な条件の定義である。ところが、その定義は、「禁ぜられていること」には適用されない。であるのに、なぜ、「禁ぜられていること」が偶有的な条件であるとされるのか。

〔答〕「禁ぜられていること」にも、偶有的な条件の定義が現に適用されるからである。すなわち、論証されるべきものである「罪障を招くものであること」を、「殺意であること」という理由は遍満しているのである。「およそ、『罪障を招くものであること』があるところには、必ず、『禁ぜられていること』がある」というように、「禁ぜられていること」は現に有るものだからである。ただし、およそ、「殺意であること」があるところには、必ず、「禁ぜられていること」が有るというのではない。意志の内よりする殺意には「殺意であること」が有るが、

「禁ぜられていること」にはそれは無い。

以上、三種類の「成立していない理由」が解説された。

＊

次には、「相容れない理由」が説かれる。

論証されるべきものと正反対のものによって遍満されている理由が、「相容れない理由」である。例えば、「音声は常住のものである。作られたものであることのゆえに」というのがそれに当たる。どういうことかと言えば、この場合、「常住のものであること」が論証されるべきものであり、「作られたものであること」が理由だということになっているが、「常住のものであること」とは正反対の「無常のものであること」によって、「作られたものであること」は遍満されているのである。何しろ、何であれ、作られたものは無常のものでしかないのであるから。ゆえに、論証されるべきものとは正反対のものによって遍満されているのであるから、「作られたものであること」という理由は、「相容れない理由」なのである。

＊

論証されるべきものに疑いが持たれる理由が、「一つところに定まらない理由」、あるいは、「逸脱する理由」であると言われる。

それには、「共通のものにわたるがゆえに一つところに定まらない理由」と、「共通でないものに限定されているがゆえに一つところに定まらない理由」との二種類がある。

「共通のものにわたるがゆえに一つところに定まらない理由」とは、主張の主語、主語と同質のもの、主語と異質のものに存する理由である。例えば、「音声は常住のものである。真知の対象であることのゆえに」というのがそれに当たる。

この場合、「真知の対象であること」という理由は、主張の主語である音声、主張の主語と同質のものである虚空など、主張の主語と異質のものである水がめなどに存する。一切のものは真知の対象だからである。ゆえに、「真知の対象であること」という理由は、「共通するものにわたるがゆえに一つところに定まらない理」ある。

「共通でないものに限定されているがゆえに一つところに定まらない理由」とは、理由が主張の主語と同質のものからも異質なものからも排除されており、主張の主語にだけ存すると、そのような理由のことである。例えば、「地は常住のものである。香を有するものであることのゆえに」というのがそれに当たる。というのは、この場合、「香を有するものであること」というのが理由であるが、それは、主張の主語と同質のものである常住の虚空などからも、異質なものである無常の水からも排除されているからである。何しろ、「香を有するものであること」は、地にのみ存するものだからである。

ちなみに、「逸脱」は、次のように定義される。すなわち、主張の主語と同質のものにも異質のものにもあり得る理由は、主張の主語と同質のものには存し、かつ、異質のものからは排除されている、という決まりがある。そうしたものだけが推論を成り立たせるものだからである。「論証されるべきものであるということ」によって遍満されているものに、一定の決まりが及ばないこと、これが「逸脱」である。その逸脱には、理由が主張の主語と同質のものにも異質のものにも存する場合と、そのどちらからも排除されている場合との、二種類の場合に起こり得る。

＊

反対の主張のもととなる別の理由の存在を許してしまう理由が、「別論に等しい理由」である。それこそが、「別の主張を同じように論証してしまう理由」だとも言われる。例えば、「音声は無常のものである。無常の属性が認められないことのゆえに」と、「音声は常住のものである。常住の属性が認められないことのゆえに」というのがそれに当たる。つまり、この場合、論証されるべきものとは反対のものを論証し、同等の力を持つ別の推論が成り立つのであり、この別の推論が「反対の主張」と言われるのである。

しかし、正の主張と同等の力を持っていない主張ならば、それは「反対の主張」ではない。すなわち、正の主張とは正反対のものを論証してしまう推論には、頼られるもの、頼るもの、どちらでもないものの三種類がある。

このうち、「頼られるもの」は、正の主張を真っ向から否定するものである。それだけの力があるからである。例えば、「原子は無常のものである。中身が詰まったものであることのゆえに。水がめのように」というのがそれに当たる。この場合、「原子が無常のものであること」を論証する推論は、「原子が常住のものであること」をも論証してしまうのであるが、それでもそれは「反対の主張」ではなく、正の主張を真っ向から否定するものである。「頼られるもの」であるから、また、属性を有するものを捉えるものだからである。というのは、真知の道具によって捉えられない、属性を有するものである原子について、それが無常のものであることを論証する推論は成り立ちえない。拠り所が成立していないからである。ゆえに、今の推論によって原子を捉える者は、その道の権威であるとみなに承認されているのであろう。さもなければ、このような推論は起こり得ないからである。したがって、「頼られるもの」は、正の主張を真っ向から否定するだけのものである。

これに対して、「頼るもの」は、排除されている無力のものであるから、真っ向から否定されるものである。例えば、他ならぬ今の、原子が無常のものであることを論証する推論がそれに当たる。

「どちらでもないもの」は、「同等の主張を許す理由」である。反対する主張と同等の力を持つものだからである。

*

知覚などの真知の道具によって、それが論証すべきものが主張の主語に無いことがすでにはっきりと分かっている場合、そのような理由が「時間遅れの理由（kāla-atyaya、カーラ・アティヤヤ）」、あるいは、「すでに否定されているものを対象とする理由」と言われる。例えば、

「火は熱くないものである。作られたものであることのゆえに。水のように」というのがそれに当たる。この場合、「作られたものであること」が理由である。その理由によって論証されるべきものであり「熱くないものであること」は、すでに知覚によってそうでないことがはっきりと分かっているのである。皮膚によって、火が熱いものであることははっきりと分かっているからである。

時間的にあとのものも、「時間遅れの理由」と言われるのである。例えば、水がめが刹那滅のものであることが論証されるべきものである場合、先述のごとく、「有るものであること」が理由である。また、その理由によって論証されるべきものである「刹那滅のものであること」であるが、そうではないこと、つまり「刹那滅ではないものであること」は、回想や「仮言命題を用いる考察」などを特質とする知覚によって、すでにはっきりと分かっているのである。「これが、かつて私が見たあの水がめに他ならない」という回想——かつての経験知より生じた記憶に補助された感官より生じたものであり、前後の時間系列に配置されたもの——によって、水がめが持続するものであることがはっきりと分かるからである。

＊

以上、「成立していない理由」をはじめとする五つの似非理由は、とにもかくにも、それが主張の主語の属性であることなどのいずれのかたちを欠くものであるから、理由ならざるものであり、それによって論証されるべきものを論証することがない。

定義項が否定的であるばかりの理由の欠陥は、「遍満しないこと」、「遍満し過ぎること」、「あり得ないこと」の三種類であるが、それらはこれら五つの似非理由に含まれるのであって、それ以外のものではない。

すなわち、「遍満し過ぎること」は、「遍満されることが成立していない理由」である。主張の主語とは異質なものからすらも排除されていないからであり、偶有的な条件を伴うものだからである。例えば、「牛」の定義項が「家畜であること」という場合がそれに当たる。というのは、「牛」であることを指す働きをするものは、「喉元に垂肉を有するものであること」などであり、「家畜であること」ではない。

また、「遍満しないこと」とは、「部分が成立していない理由」だということである。例えば、「牛」の定義項が「まだらであること」という場合がそれに当たる。

また、「あり得ないこと」も、「それ自体が成立していない理由」に他ならない。例えば、「牛」の定義項が「単一の蹄を有するものであること」という場合がそれに当たる。(牛は偶蹄類である。)

〔14　詭弁(chala、チャラ)〕

ある意図で用いられたことばに別の意味を押し付けて論難することが詭弁である。例えば、「かのデーヴァダッタは新しい(ナヴァ)衣を持っている」という文言で、「新しい」を意図して用いられた「ナヴァ」ということばに別の意味ありとの疑いをかけて、ある人が次のように論難する。「この者は九（ナヴァ）枚の衣を持っていない。貧しいから。この者には二枚でもあり得ない。なのに、どうして九枚なのか」と。このような論者は詭弁論者であることが分かる。

〈15　見当違いのそもそも論（jāti、ジャーティ）〉

正しくない答論が、見当違いのそもそも論である。それには、「不当な取り上げ」、「不当な落とし込み」などの別により、多くの種類がある。ただ、不必要に多岐にわたることを畏れて、ここでは全部は語らない。

そのうち、遍満されていない、実例に存する属性によって、論証されるべき主張に、遍満しない属性を取り上げるのが、「不当な取り上げ」という見当違いのそもそも論である。例えば、「音声は無常のものである。作られたものであることのゆえに。水がめのように」と言われたとき、ある人が次のように言ったとしよう。「もしも、『作られたものであること』という理由によって、水がめのように、音声が無常のものであるならば、同じ理由によって、まさに水がめのように、音声は部分を有するものであることになろう」と。

「不当な落とし込み」とは、遍満されていない、実例に存する属性によって、遍満するものではない属性の無に逢着させることである。例えば、今の推論式に対して、ある人が次のように言ったとする。「もしも、『作られたものであること』という理由によって、水がめのように、音声が無常のものであるならば、同じ理由によって、水がめのように、音声は耳に聞こえるものではないことになろう。なぜなら、水がめは、耳に聞こえるものではないからである」と。

〈16 言い負かして決着がつく場合（nigraha-sthāna、ニグラハ・スターナ）〉

論敵に打ち勝つ理由が、「言い負かして決着がつく場合」である。それには、「不足」、「過剰」、「定説からそれること」、「別の意味になってしまうこと」、「はっきりしないこと」、「論敵がこちらの見解を認めること」、「相容れないこと」などの別により多くの種類があるが、不必要に多岐にわたることを畏れて、ここでは全部は語らない。

言わんとすることに何か足りないものがある場合、それが「不足」である。

言わんとすることよりも何か過ぎたものがある場合が、「過剰」である。

本来のものと結びつかないことを陳述することが、「別の意味になってしまうこと」である。

答論が分明ではないことが、「はっきりしないこと」である。

自説とは合わない相手方の説をみずから認めること、許容してしまうことが、「論敵がこちらの見解を認めること」である。

所期の目的が崩壊することが、「相容れないこと」である。

＊＊＊＊＊＊＊

以上で、用いられる論理用語が、その本質的な区別によってすべて解明された。言及しなかったこともあるが、それは、あまりにも多岐にわたらないためであって、何ら問題とはならない。初心の若輩者たちを啓蒙する目標は達成されているのであるから、今はこれだけで充分である。

以上で、ケーシャヴァミシュラ師によって著わされた『タルカバーシャー』は終わり。

おわりに

本書で訳出した二冊の底本は次の通りである。

Tarka-saṃgraha of Annambhaṭṭa, edited by Yashwant Vasudev Athalye. Poona: Bhandarkar Oriental Research Institute, 1974.

Tarkabhāṣā by Keśavamiśra, critically edited by Narayan Nathaji Kulkarn. Poona: Oriental Book Agency, 1953.

前者はおよそ西暦十七世紀頃、後者は十三世紀頃のものである。両書とも、ヴァイシェーシカ学派とニヤーヤ学派が合体した、いわゆるインド論理学派の手に成る作品である。ただ、全体の構成は、前者がヴァイシェーシカ学派の存在論を特徴づけるカテゴリー論の枠のなかにあり、後者は、ニヤーヤ学派の論証学を構成する十六項目の枠のなかにあるという違いがある。

ヴァシェーシカ学派は、西暦紀元前二世紀中ごろ、インドで最も豊かなパンジャーブ地方でバクトリア王国というギリシア人国家が全盛を極めていた頃に活躍したカナーダと言う人物を開祖とし、古代ギリシアのデモクリトス由来の原子論とアリストテレス由来のカテゴリー論を骨格に据えた、徹底的な実在論を展開する学派である。知られるもの、言語表現されるものはすべて実在するとの旗印を掲げ、知られない実在とか言語表現されない実在を絶対に認めないのである。

インドでは、少なくとも西暦紀元前八世紀以降、哲学と神学をめぐる御前議論試合が盛んに開催されてきた。その勝者には莫大な賞金が授与されるので、議論の勝敗をめぐる規則が次第に整備され、そのうち、インド医学の花形である内科の著しい発展にともない、診断、処方をめぐるカンファランスの技術としても活用されるようになった。世界初の因果関係検証法を、西暦紀元前六〜五世紀に活躍した仏教の開祖ゴータマ・ブッダが「此縁性《しえんしょう》」というかたちで確立したのも、ゴータマ・ブッダが、釈迦族の内科の御典医ジーヴァカを敬愛していたことと深い関係があると考えられる。その、内科でのカンファランスが、ただ議論に勝てばよいという論争術の域を脱して、論証学、論理学へと発展したのである。西暦紀元後二〜三世紀にニヤーヤ学派を樹立したガウタマは、この流れを受けた人であった。

内科でのカンファランスもニヤーヤ学派も、問題となる事実を厳密に分析することを至上のものとするので、存在論としては、先行するヴァイシェーシカ学説をほぼまるごと採用した。

西暦紀元後十世紀以降、ヴァイシェーシカ学派とニヤーヤ学派が合体するようになったのも、自然のことであった。

西暦十四世紀になると、ガンゲーシャという人物が現れ、ニヤーヤ学派の知識論を徹底的にヴァイシェーシカ学派の存在論の枠に入れ、ガウタマの古いニヤーヤ学説をばっさりと切り捨てて、まったく新しいニヤーヤ学派を興した。これをナヴィヤ（新）ニヤーヤ学派と言う。『タルカサングラハ』は、ナヴィヤニヤーヤ学派の影響下にあり、『タルカバーシャー』は伝統的なニヤーヤ学説の影響下にありながらも、ナヴィヤニヤーヤ学説の予兆とも思える議論を展開しており、たいへんに興味深い作品である。

なお、「タルカ」（tarka）は、もともとは、「仮言命題を用いた考察」、つまり、「～であれば」「～でなければ」を用いた論法なのであるが、論理的考察には欠かせないものなので、広く論理学を意味するようになった。西暦紀元後十世紀以降、インド論理学派は、伝統的な論理学の呼称である「ニヤーヤ」（nyāya）ではなく、「タルカ」を好むようになった。そのため、他学派からは、「タルカを事とする人々」の意味で、「タールキカ」（Tārkika）との呼称が定着するようになった。

〔サンスクリット語原典からの翻訳——入手しやすいもの〕

服部正明訳「論証学入門」『世界の名著1　バラモン教典・原始仏教』中央公論社、一九六九

年（ニヤーヤ・バーシュヤ第一篇）
宮元啓一『牛は実在するのだ！　インド実在論哲学『勝宗十句義論』を読む』青土社、一九九九年
Keiichi MIYAMOTO, *Daśapadārthī* —— *An Ancient Indian Literature of Thoroughly Metaphysical Realism* ——勝宗十句義論．Kyoto: Rinsen Book Co.（臨川書店），2007.
宮元啓一『インドの「多元論哲学」を読む——プラシャスタパーダ『パダールタダルマ・サングラハ』』春秋社、二〇〇八年
宮元啓一『ヴァイシェーシカ・スートラ——古代インドの分析主義的実在論哲学』臨川書店、二〇〇九年
宮元啓一・石飛道子『インド新論理学派の知識論——『マニカナ』の和訳と註解』山喜房佛書林、一九九八年

最後になったが、本書の刊行を快諾された花伝社の平田勝社長、編集の実務を担当し、多岐にわたって私を支えて下さった家入祐輔氏には深い謝意を表するものである。

二〇二四年十月
東京は中野の北辺にて
訳者識す

宮元啓一（みやもと・けいいち）
1948年生まれ。東京大学で博士（文学）号を取得。
現在、國學院大學名誉教授。
著作に、『インド哲学七つの難問』（講談社選書メチエ）、『仏教誕生』（講談社学術文庫）、『仏教かく始まりき パーリ仏典『大品』を読む』『インド哲学の教室』（春秋社）、『わかる仏教史』『ブッダが考えたこと』（角川ソフィア文庫）、『勝宗十句義論』（臨川書店）、『新訳 ミリンダ王の問い』『［全訳］念処経』（花伝社）など。

インド論理学へのいざない
——新訳註『タルカサングラハ』『タルカバーシャー』

2025年2月25日　初版第1刷発行

著者 ——宮元啓一
発行者 —平田　勝
発行 ——花伝社
発売 ——共栄書房
〒101-0065　東京都千代田区西神田2-5-11出版輸送ビル2F
電話　03-3263-3813
FAX　03-3239-8272
E-mail　info@kadensha.net
URL　https://www.kadensha.net
振替 ——00140-6-59661
装幀 ——北田雄一郎
印刷・製本—中央精版印刷株式会社

ISBN978-4-7634-2160-9 C0015